Paulo Freire

Unterdrückung und Befreiung

Herausgegeben von
Peter Schreiner,
Norbert Mette,
Dirk Oesselmann,
Dieter Kinkelbur,
in Kooperation mit
Armin Bernhard

Waxmann 2007
Münster / New York / München / Berlin

Bibliografische Informationen der Deutschen Nationalbibliothek
Die Deutsche Nationalbibliothek verzeichnet diese Publikation in der Deutschen Nationalbibliografie; detaillierte bibliografische Daten sind im Internet über http://dnb.d-nb.de abrufbar.

ISBN 978-3-8309-1803-5

Postfach 8603, D-48046 Münster

www.waxmann.com
info@waxmann.com

Umschlaggestaltung: Christian Averbeck, Münster
Titelfoto: Ana Maria Freire
Druck: CPI Books GmbH, Leck
Gedruckt auf alterungsbeständigem Papier,
säurefrei gemäß ISO 9706

MIX
Papier aus verantwortungsvollen Quellen
FSC www.fsc.org FSC® C083411

Inhalt

Zum Geleit: Paulo Freire lesen

Heinz-Peter Gerhardt

Das neoliberale Wirtschaftsmodell hat in den Bildungspolitiken verschiedener Länder widersprüchliche Auswirkungen auf die Bildungsprozesse selbst gehabt. Auf der einen Seite hat sich für die Einzelnen die Möglichkeit vergrößert, auf die eigene Bildungsbiografie Einfluss zu nehmen. Auf der anderen Seite hat sich dieser Einfluss dramatisch verkleinert. Bei der Vergrößerung lauten die Stichworte: Weniger Regelungsdichte, mehr Flexibilität und Autonomie für die Individuen und Institutionen, Anerkennung der „Schule der Welt" und ihre Zertifizierung. Umsetzungen davon begannen in der Erwachsenen- und Berufsbildung und finden – durch PISA 2000 und Nachfolgestudien verstärkt – ihre Fortsetzung in der Schul- und Hochschulbildung.

Verkleinert: Aufgrund der Weiterentwicklung von Dienstleistungs- und Wissensgesellschaft ist der Druck auf die Individuen, formale und andere „Abschlüsse" in ihren Bildungsbiografien nachzuweisen, immens groß geworden. Die strukturelle Arbeitslosigkeit von vielen aus der Generation „Praktikum" und von Älteren verschärft den Druck auf die Bildungsinstitutionen, effizient und effektiv arbeitsplatzrelevante Fertigkeiten anzubieten. Trainingskonzepte dominieren. Die Produktion von Eigensinn vermindert sich. Sie ist nur noch einer Minderheit möglich.

Was haben uns in einer solchen Situation Paulo Freires (gest. 1997) pädagogische Praxis und seine theoretischen Schriften noch zu sagen? Seine frühen Hauptwerke „Pädagogik der Unterdrückten" (Erstveröffentlichung 1970) und „Erziehung als Praxis der Freiheit" (Erstveröffentlichung 1967) sind vor dem Hintergrund der gesellschaftlichen Umbrüche in Brasilien und Lateinamerika Anfang der sechziger Jahres des vorigen Jahrhunderts zu verstehen. Sie wurden von Freire im chilenischen Exil (ab 1964) verfasst bzw. überarbeitet. Er schrieb sie auf der Grundlage seiner überreichen Praxiserfahrungen im brasilianischen und chilenischen Bildungswesen. Vom Kindergarten bis zur Universität sowie in der Erwachsenenbildung hat er auf allen Stufen in lehrender oder leitender Position gearbeitet. Die Erfahrungen radikal-katholischer, marxistischer und national-revolutionärer Theoretiker und Praktiker seiner Zeit (vgl. die Einleitung zu dieser Textsammlung) entwickelte er weiter und systematisierte sie zu einem Leitfaden befreiender Pädagogik in gesellschaftlichen Umbruchphasen.

Die Reduktion Freires auf die nach ihm benannte Alphabetisierungsmethode für Erwachsene wird der Weite und Vielfältigkeit der Gedanken in seinen Schriften nicht gerecht. Sein Exilantendasein (bis 1980) eröffnet ihm jeweils nur einen zeitweisen und beschränkten Zugang zum Bildungswesen anderer Länder. Sobald er jedoch 1980 nach Brasilien zurückkehrt, widmet er sich wieder allen Zweigen des Bildungssystems und den dort jeweils anstehenden pädagogischen Aufgaben. Er entwirft zusammen mit anderen das Bildungsprogramm der brasilianischen Arbeiterpartei (PT), deren langjähriger Vorsitzender Lula im Januar 2007 seine zweite Amtszeit als Präsident Brasiliens antritt und der sich zumindest verbal immer noch diesem Programm verpflichtet fühlt. Freire selbst kann von 1989 bis 1991 dieses Programm auf der Ebene einer Megastadt (São Paulo mit 20 Millionen Einwohnern die sechsgrößte Stadt der Welt) als politisch Verantwortlicher noch teilweise mit umsetzen. Insofern sind gerade die Schriften, Interviews, Berichte und Filmdokumente für Übertragungsprojekte am spannendsten, in denen Freire die Erfahrungen seiner letzten 18 Lebensjahre verarbeitet (vgl. in der vorliegenden Textsammlung die Übersetzung aus „Pedagogy of the City“). In seinem letzten bedeutenden Werk „Pädagogik der Autonomie“ (Erstveröffentlichung 1996) erreicht er nochmals eine Synthetisierungsdichte, die der in „Pädagogik der Unterdrückten“ in nichts nachsteht.

Die an deutschen Hochschulen lehrenden Erziehungswissenschaftler und Erziehungswissenschaftlerinnen taten und tun sich schwer mit dem „Phänomen Freire“ (M. Stauffer). Und in ihrem Gefolge die pädagogischen Fachverlage. Häufig waren es christliche Gruppierungen oder Gegner der neoliberalen Globalisierung, die den Anstoß für die Diskussion und die Veröffentlichung von Freires Schriften gaben. So geschah es in den siebziger Jahren mit der Erstveröffentlichung von „Pädagogik der Unterdrückten" im Kreuzverlag (1971). Der Dritte Welt Verlag Peter Hammer aus Wuppertal folgte 1974 mit „Pädagogik der Solidarität" (Teilabdruck in diesem Band). Der Rowohlt Verlag übernahm erst einige Jahre später drei Freire-Titel in seine Taschenbuchreihe. Das öffentliche Interesse an der Arbeit von Freire steigt, wie z.B. Martin Stauffer in seiner Berner Dissertationsschrift belegt.[1]

Freires letztes, noch zu seinen Lebzeiten veröffentlichtes Werk „Pädagogik der Autonomie" wurde bereits in sieben Sprachen (Spanisch, Englisch, Valenzianisch, Katalanisch, Ukrainisch, Italienisch, Französisch) übersetzt. In der Originalsprache erreichte es bis Juli 2006 eine verkaufte Auflage von 790.000 Exemplaren.[2]

Schließlich: Im Grundtvig 1 Förderungsprogramm der Europäischen Kommission (2006-2010) läuft unter Beteiligung von fünf EU-Mitgliedstaaten noch bis 2010 das Projekt „Von Paulo Freire lernen – europäisches Bewusstsein durch Partizipation".

Welche Erklärung gibt es für diese große Nachwirkung Freires in der Einen Welt?

1) Freire gelang als Nicht-Pädagoge ein neuer Zugang zu pädagogischen und bildungspolitischen Grundfragen, teilweise quer zu disziplinären Traditionslinien und Diskussionen. Er machte Ernst mit der ein Jahrhundert alten Forderung „Vom Kinde, vom Lerner aus!". Oder in Freires Kategorien ausgedrückt: Von den Lebenssituationen der Schüler ausgehend muss zunächst einmal die „Schule der Welt" anerkannt werden, in der sie bisher gearbeitet und gelernt haben. Dann kann es mit Hilfe von Lehrpersonen daran gehen, über Kodifikationen und Dekodifikationen einen Bewusstseinsbildungsprozess in Gang zu setzen, der sich immer stärker selbst tragend, die Beteiligten entdecken lässt, dass sie ihre Umwelt immer wieder neu schaffen und umgestalten. Die in Bildungsstätten arbeitenden Personen haben die unterschiedlichen kulturellen Konstruktionen und Errungenschaften

1 Martin Stauffer, Pädagogik zwischen Idealisierung und Ignoranz. Eine Kritik der Theorie, Praxis und Rezeption Paulo Freires, Frankfurt a.M. u.a.: Peter Lang 2007.

2 Auskunft seiner Witwe Ana Maria Araújo Freire vom 28. 12. 2006.

der Nachfrager nach zusätzlicher Bildung zu respektieren und sich auf deren Vorwissen einzulassen. Alle gingen schon immer „gebildet“ in Bildungsprozesse hinein. Aber erst in den letzten Jahren fangen Bildungsinstitutionen damit an, diese „Schule“ vor und neben der Schule anzuerkennen und die dort erworbenen Kenntnisse zu zertifizieren und anzuerkennen.

2) Je älter die Schüler sind, desto stärker sollten neue Erkenntnisse im problemformulierenden Dialog entwickelt werden können. Und in diesem Dialog werden wiederum neue Erkenntnisse auch für die Lehrperson entstehen. Neu in dreifacher Hinsicht: Im Bezug auf neue Aspekte des mir als Lehrperson bekannten Curriculums. In Bezug auf neue Vermittlungsformen gegenüber einer anderen Klientel. Neu in Bezug auf die anderen Sichtweisen der Schüler zu dem zur Debatte stehenden Gegenstand.

Der Dialog ist dabei die geeignete Form gegenseitiger Bildungsprozesse. Sein Ziel ist die individuelle, gruppenbezogene und gesellschaftliche Veränderung der am Dialog Beteiligten. Mit dieser Bestimmung des Dialogs versagen Angebote dieser Art bei all denjenigen, die an solchen Veränderungen kein Interesse haben, die im Gegenteil aktiv an der Aufrechterhaltung des jeweiligen Status quo arbeiten.

3) Freire nennt sie die selbsternannten „Herren der Welt“, die in ihren Entscheidungen nur die eigenen Interessen sehen (vgl. hierzu den Text zur „kulturellen Invasion“). Herren – und Frauen – möchte ich hinzufügen. Zu ihnen bleibt ein gesellschaftlicher Antagonismus bestehen, der nur politisch – über andere Machtkonstellationen – entschieden werden kann. Dieserart Konflikte, in demokratischen Formen gelöst, ergeben jeweils alte und neue Optionen für die beteiligten Gruppen. Sie bilden die Grundlage für Lernprozesse. Mit der Zeit könnten dann – als konkrete Utopie – Wahlwelten neben die bisherigen Herkunftswelten treten.

Vor diesem Hintergrund findet Bildung im befreiungspädagogischen Sinn statt, wenn zwei Lernwillige aus unterschiedlichen sozialen Milieus in ihren jeweiligen sozialen Rollen (Lehrer – Schüler, Ausbilder – Auszubildende, Sozialarbeiter – Betroffene) in den Dialog treten. Alle Seiten, und seien sie noch so unterschiedlich in Bezug auf Alter, Geschlecht, Herkommen oder

Hautfarbe, bringen in diese dialogische Beziehung ihr jeweiliges Wissen über den Gegenstand des Dialogs ein. Im Verlaufe des dialogischen Bildungsprozesses vermindert sich der Abstand von Lehrer und Schüler in Wissen, Können und Handeln in Bezug auf die diskutierten Themen und Problemstellungen.

4) Befreiende Pädagogik wendet sich gegen jede Art von „Bankierserziehung"; d.h. Erziehungspraktiken und -theorien, die Menschen zum Objekt von Trainingseinheiten machen. Wir alle kennen diese Art von Beschallungen, praktizieren sie in verschiedenen Rollen teilweise selbst. Lernwillige werden in solchen Konzepten und Praktiken als leere Behälter angesehen, die mit verschiedenen Modellen des Nürnberger Trichters mit Wissen und Kompetenzen befüllt werden sollen. In Freires bildreicher Sprache findet sich für diesen Vorgang auch die Anspielung auf Sparanlagen, die im Educandus wie in einer Bank deponiert werden. Die Lehrpersonen prüfen von Zeit zu Zeit nach, ob sich die Einlagen vermehrt haben. Das um sich greifende Testunwesen – vom Kindergarten bis in die Hochschulen und Erwachsenenbildung hinein – ist Ausdruck dieserart von Sparkassenspielen. Ziel solcher anti-dialogischen, direktiver Trainingseinheiten ist die Anpassung nachfolgender Generationen an die gegebenen Verhältnisse. Sie beinhalten Macht und stabilisieren sie.

5) Wendet sich Freire auf der einen Seite gegen überzogene Autoritätsansprüche einzelner, so sieht er auch die Gefahren harmonisierender Gruppenansprüche und -zwänge, bzw. eines pädagogischen Laisser-faire. Die leihweise Hergabe oder gar Übereignung des eigenen denkenden Ichs an politische, religiöse oder andere Gruppenzusammenhänge erregten Freires Widerstand. Jede Form von Sektierertum und Extremismus verneint die Vernunftbegabtheit des Menschen. Auch die Liebe, der Glaube, die Hoffnung des Christentums (Freires eigene Grundüberzeugung) haben sich mit ihren Worten und Taten der Verstandeskritik mit aller jeweils zur Verfügung stehenden methodischen Rigorosität zu stellen. Nur die kritische Durchsicht eigener und fremder Wahrheiten schafft eine hinreichende Basis für die zu treffenden persönlichen, beruflichen und politischen Entscheidungen.

6) Glaube, Liebe, Hoffnung; die vorausgewusste Zukunft in Gottes Reich sind entscheidende Bausteine für Freires Denken und Handeln. Freire kann als Pädagoge mit christlichem Hintergrund bezeichnet werden und entwickelt hieraus seine dynamische Vorstellung von Geschichte, in der den Menschen die Aufgabe zusteht, sich der Utopie des Reiches Gottes anzunähern. Geschichtliche Gegebenheiten werden so zu Aufgegebenheiten. Ein Scheitern an diesen Aufgaben ist immer wieder möglich. Es sollte als neuerliche Lernchance angesehen werden. Der Geschichtsprozess wird vom Ausständigen her verständlich. Mensch und Geschichte entstehen miteinander. Geschichte ist Gestaltwerdung des Menschen. Auf der Grundlage seiner christlichen Glaubensüberzeugung reflektiert Freire zum einen auf einmalige, geschichtliche Heilsereignisse, in denen sich der Vollzug von Hoffnung und Liebe gelebt findet. Beispiele sind das Auftreten von Jesus Christus in Palästina und die Geschichte urchristlicher Gemeinden im ersten Jahrhundert. Zum anderen entdeckte Freire in den Ideen und Ereignissen seines Raumes und seiner Zeit Ausständiges, Noch-Nicht-Erreichtes wie Ernst Bloch formulieren würde. Die Bewegung des MIR in Chile, die dortige Agrarreform (1964 bis 1968), die Kulturzirkel in Brasilien (1963 bis 1964), die befreienden Bildungsansätze in Argentinien (1973), die Basisbewegungen in San Salvador (1972), Grenada (1979 bis 1983) und Guinea-Bissau (1974/5) sind – bei aller Kritik im Detail – Vorschein auf Elemente einer demokratischen und freien Gesellschaft, sind Praxen sich humanisierender Menschen. In seiner Arbeit mit den meisten der eben genannten Bewegungen und Organisationen trägt Freire seinen Teil zur prophetischen Mission der Kirche bei: Der Ankündigung des Reiches Gottes auf Erden. Er selbst nennt sich dabei: Pilger des Offensichtlichen. Wir alle wissen um die anstehenden Aufgaben, sprechen aber aus den verschiedensten Gründen wenig darüber, noch weniger packen wir sie in unseren Institutionen und sonstigen Betätigungsfeldern wirklich an.

7) Der Begriff Befreiung erhält bei Freire eine theologische und eine anthropologische Dimension. Strukturen von Ungerechtigkeit und Ausbeutung können in diesem Grundverständnis

nur als Umstände erkannt werden, welche die Menschen ihres Menschseins berauben. Befreiung ist dann die tätige Absage an Unterdrückung. Befreiung weist auf die Möglichkeit zu einem geschichtlich neuen Zustand hin, zu einer neuen Lebensform, zu einer neuen Weise des Lebens in Solidarität und Nächstenliebe.

8) Der Autonomiebegriff der befreienden Pädagogik steht in der philosophischen und anthropologischen Tradition des Verständnisses vom Menschen als einem vernunftbegabten Wesen. Der Mensch kann sich gattungs- und individualgeschichtlich in immer größerem Maße seines Verstandes bedienen, Rückschläge miteingeschlossen. Es ist ihm und ihr möglich in Denken und Handeln zur Freiheit von inneren und äußeren Zwängen zu gelangen. Die meisten Formen der Herrschaft von Menschen über Menschen werden in diesem Prozess der Autonomieentwicklung hinfällig. Individualgeschichtlich treten an die Stelle von stark außenbestimmten Freiheitsgraden als Kind, Schüler, Auszubildender, Student, Selbstständiger und Arbeitnehmer die selbstbestimmte Freiheit, die Würde und die kulturelle Identität eines jeden einzelnen Menschen. Postmodernisten kritisieren diesen der Aufklärung verpflichteten Freire daher als „großen Erzähler".[3] Dieserart Freiheit – von Freire immer wieder als konkrete, d.h. erreichbare Utopie gedacht – hält in ihren alltagspraktischen und institutionellen Ausformungen Abstand zum neoliberalen Marktfetischismus, zum wie Freire formuliert „reaktionären Postmodernismus" und zu jeder Art von Autoritarismus, mag er sich nun auf Funktion, Geschlecht, Hautfarbe oder soziale Klasse gründen. Dieserart Freiheit wird historisch und aktuell, gesellschaftlich und subjektiv durch eben diese drei Denk- und Verhaltensformen behindert. Zusätzliche Beschränkungen ideologischer Art sind die sogenannte Zweckrationalität, vorgebliche Sachlogik oder Sachpolitik. Auch kulturelle Eigenheiten, die als Universalien ausgegeben werden, gehören hierzu. Die Nutznießer der jeweiligen Macht- und Herrschaftsstrukturen tendieren dazu, die historisch erkämpften Freiheits- und Autonomiegrade als den jeweiligen Endpunkt von Geschichte auszugeben. Die Entwicklung der autonomen Freiheit aller Menschen ist für Freire aber

3 Vgl. vom Verf. den Aufsatz „Befreiende Pädagogik" in www.freire.de.

nicht ein Projekt eines einzelnen oder einer gesellschaftlichen Gruppe. Es geht ihm um die gemeinschaftliche Gestaltung der gesellschaftlichen Verhältnisse, um die Auseinandersetzung mit den erwähnten gesellschaftlichen Einflüssen in Sinne eines politischen Projektes, das auch die Unterdrücker von ihrer Unterdrückungsarbeit befreit.

Um die Nachwirkungen des brasilianischen Befreiungspädagogen Paulo Freire insbesondere im nicht akademischen Bereich zu erklären, habe ich mir zum Schluss dieses Geleitwortes erlaubt, zentrale Kategorien Freires und ihre Umsetzung in unterschiedlichen Praxen etwas ausführlicher und in ihrem Werkzusammenhang darzustellen. Überschneidungen mit der Einleitung waren dabei beabsichtigt. Geleitwort und Einleitung zusammen sollen dazu motivieren, sich auf die hier in dieser Auswahl versammelten Texte Paulo Freires einzulassen. Es gibt viel zu entdecken.

Heinz-Peter Gerhardt
Lissabon, Januar 2007

Einführung

Peter Schreiner, Norbert Mette,
Dirk Oesselmann, Dieter Kinkelbur

Von wenigen Ausnahmen abgesehen ist es um den Namen und das Werk des brasilianischen Pädagogen Paulo Freire in der deutschsprachigen pädagogischen Landschaft still geworden. Die Phase der begeisterten Rezeption und intensiven Diskussion, die durch die Übersetzung der „Pädagogik der Unterdrückten"[1] und weiterer Bücher in den siebziger Jahren ausgelöst worden ist, ist im Laufe der achtziger Jahre langsam aber sicher abgeflaut. Zwar ist Paulo Freire in die Liga der „Klassiker der Pädagogik" aufgenommen worden,[2] aber Klassikern haftet bekanntlich der Nimbus an, dass sie weit von der alltäglichen Wirklichkeit enthoben und damit für das praktische Tagesgeschäft nicht zu gebrauchen sind. Um Hilfen zu bekommen, um den pädagogischen Alltag bestehen zu können, darauf richtet sich das vorrangige Interesse der im Bereich der Erziehung Tätigen; und entsprechend reagiert der Markt der pädagogischen Handreichungen und Medien.

Zur Aktualität von Paulo Freire heute

Die Hochkonjunktur der Freire-Rezeption auch im deutschsprachigen Raum fiel in eine Phase, als unter einem beachtlichen Teil der Studierenden und angehenden Lehrern und Lehrerinnen die Erwartung verbreitet war, durch Erziehung und Bildung einen wesentlichen Beitrag zur Schaffung der ersehnten besseren, menschenfreundlicheren Welt leisten zu können – einer Welt, in der nicht das Portemonnaie der Eltern ausschlaggebend für die Entwicklungsmöglichkeiten der Kinder ist, sondern durch eine allen in gleicher Weise zuteil werdende Erziehung und Bildung

1 Stuttgart 1971/Reinbek 1973.

2 Vgl. Peter McLaren, Noah de Lissovoy, Paulo Freire (1921-1997), in: Heinz-Elmar Tenorth (Hg.), Klassiker der Pädagogik. Bd. 2, München 2002, S. 217-226.

gleiche Ausgangschancen für alle geschaffen werden. Wie neuere Studien zur Bildungslandschaft in Deutschland zeigen, kann von einer auch nur ansatzweisen Einlösung dieser Erwartung nicht die Rede sein. Vielmehr ist ein rückläufiger Trend zu verzeichnen. Pragmatismus, nicht selten verbunden mit Resignation angesichts des Scheiterns des eigenen ursprünglichen pädagogischen Eros, gibt im pädagogischen Alltag den Ton an.

Nur – worauf läuft das hinaus? Zunehmende Armut und Umweltkatastrophen mahnen einschneidende Schritte zur Veränderung an. Das wird durch Erziehung und Bildung allein nicht zu bewerkstelligen sein. Aber von Erziehung und Bildung hängt es sehr wohl ab, ob die Heranwachsenden und Erwachsenen einen Blick und ein Bewusstsein dafür bekommen, was auf sie zukommt, und ob sie zur verantwortlichen Wahrnehmung der damit gegebenen Herausforderungen befähigt werden – sowohl im eigenen unmittelbaren Umkreis als auch darüber hinaus.

Auch wenn die klassischen Denker der Pädagogik in ihrer Zeit vor anderen Herausforderungen gestanden haben, kann eine Beschäftigung mit ihnen hilfreich sein. Bei ihnen ist zu lernen, dass Erziehung und Bildung nicht auf eine möglichst reibungslose Anpassung der je neu heranwachsenden Generation an das Bestehende hinauszulaufen habe, sondern dass mit jeder neuen Generation die Frage aufgeworfen wird und zur Debatte steht, wie die Menschen in der Gesellschaft auf Zukunft hin zusammenleben wollen und sollen und wie alle dazu befähigt werden können, ihren Anteil zur phantasievoll-verantwortlichen Lösung der sich stellenden Herausforderungen einzubringen.

Genau in dieser Hinsicht ist auch von einer erneuten Lektüre der Schriften Paulo Freires viel zu lernen. Dazu möchte dieser Sammelband verhelfen und anregen; in ihm finden sich Schriften aus unterschiedlichen Schaffensperioden von Paulo Freire (veröffentlicht von 1970 bis 1998). Die späteren Texte sind aufgrund des erwähnten erlahmenden Interesses an Freires Befreiungspädagogik hierzulande weitestgehend unbekannt geblieben – im Unterschied zu vielen anderen Gegenden der Welt, und zwar nicht nur in Lateinamerika, sondern auch z.B. in den USA, wo das Interesse am Werk von Paulo Freire bis heute anhält und es mit Blick auf aktuelle Erfordernisse weitergeschrieben und in die Praxis umgesetzt wird.

Zum Lebenslauf Paulo Freires

Geboren am 19. September 1921 wuchs Paulo Freire in einer zunächst in Mittelstandsverhältnissen lebenden Familie in Recife im Nordosten Brasilien auf.[3] Im Zuge wirtschaftlicher Verschlechterung, verschlimmert noch durch den Tod seines Vaters, bekam er leidvoll zu spüren, was Hunger und Armut bedeuten. Schon während seiner Schulzeit beschäftigte er sich mit pädagogischen und linguistischen Fragen, nahm dann jedoch ein Jurastudium an der Universität von Recife auf und arbeitete nach dem Studium kurze Zeit als Rechtsanwalt. Die Heirat mit der Grundschullehrerin Elza Maria Costa da Oliveira brachte Paulo Freire wieder stärker mit pädagogischen Fragen in Kontakt, denen er sich immer intensiver auch beruflich widmete. Bekannt wurde er Anfang der sechziger Jahre durch die von ihm konzipierten Alphabetisierungsprogramme für Erwachsene, die unter einfachen und in der Regel unterdrückerischen Verhältnissen auf dem Land und in den Favelas der Städte lebten. 1963 wurde dieses Programm über ganz Brasilien hin ausgebreitet. Der Militärputsch im März 1964 bereitete der Anwendung dieses befreiungspädagogischen Konzeptes jedoch ein Ende. Paulo Freire wurde verhaftet und konnte nach 70-tägigem Aufenthalt im Gefängnis ins Exil gehen, zunächst nach Bolivien, dann nach Chile, wo er als UNESCO-Bildungsexperte von 1964 bis 1969 tätig war und stark an der Reformpolitik der damaligen Regierung mitarbeitete. 1969 verbrachte er als Gastprofessor an der Harvard-Universität in den USA und ein Jahr später folgte er der Einladung des Weltkirchenrates, als Bildungsberater tätig zu werden. Von 1970

3 Vgl. zum Folgenden sehr informativ, da die soziopolitische und -ökonomische Entwicklung Brasiliens berücksichtigend, Sarah-Lea John, Erziehung und Politik. Pädagogische Diskurse und Sozialkritik in Brasilien des 20. Jahrhunderts (Arbeitspapiere zur Lateinamerikaforschung II-05), Köln 2006.

bis 1980 arbeitete er in dieser Funktion beim Ökumenischen Rat der Kirchen (ÖRK) in dessen Zentrale in Genf. Diese Stellung bot ihm die Möglichkeit zu Kontakten in aller Welt, insbesondere zu den sog. „unterentwickelten Ländern". Freire koordinierte Alphabetisierungsprojekte in Afrika, u.a. in Guinea-Bissao, São Tomé und Principe sowie in der Karibik und in Nicaragua. Noch vor Ende der Militärdiktatur konnte Paulo Freire mit seiner Familie 1980 nach Brasilien zurückkehren. Politisch engagierte er sich in der Arbeiterpartei (Partido dos Trabalhadores), war in den Jahren 1989-1990 Sekretär für Erziehung und Bildung von São Paulo und lehrte und forschte als Professor an der Staatlichen Universität von Campinas sowie an der katholischen Universität von São Paulo. 1986 starb seine Frau und enge Mitarbeiterin. Zwei Jahre später heiratete er Ana Maria Araújo, die sich bis heute für die Verbreitung seiner Ideen einsetzt. Sein plötzlicher Tod am 2. Mai 1997 riss ihn aus einer intensiven Schaffensperiode heraus. Dreiundzwanzig Mal wurde ihm die Würde eines Ehrendoktors verliehen, darunter in Deutschland auch durch die Universität Oldenburg am 7. Juli 1997, die nur noch von seiner Frau entgegengenommen werden konnte.[4]

Zur Textauswahl

Die Auswahl der Texte aus dem Zeitraum 1970-1990 ist chronologisch angeordnet und gibt daher sowohl Einblick in die Grundlagen und Prinzipien der Bildungsarbeit im Kontext einer Pädagogik der Befreiung als auch in die Genese und Weiterentwicklung des pädagogischen Denkens Paulo Freires. Es wurden Schlüsseltexte aufgenommen, die das Konzept einer humanisierenden Bildung als Instrument der Befreiung aus Unterdrückung einführen und erläutern. In den ausgewählten Texten werden nicht nur pädagogische Probleme und inhaltlich-methodische Prinzipien der Bildungsarbeit thematisiert, sondern diese werden erweitert um Themen der Politik, der Kultur, der Religion, der Ethik, der

4 Vgl. Paulo Freire, Ehrendoktor der Universität Oldenburg. Ansprachen und Vorträge zur Verleihung der Ehrendoktorwürde am 7. Juli 1997 (Oldenburger Universitätsreden Nr. 96), Oldenburg 1997.

Gesellschaftsveränderung. Solches begründet sich notwendig aus dem umfassenden Charakter der Theorie Paulo Freires, der zufolge die Vorstellung einer von Gesellschaft und Politik losgelösten Pädagogik pure Illusion ist. Zugleich enthalten die Aufsätze und Interviews die zentralen Kategorien, die Paulo Freire im Verlauf seiner praktischen Erfahrungen in der Bildungsarbeit und parallel im Kontext der Verarbeitung verschiedener Theorietraditionen (idealistische Philosophie, Dialogphilosophie, Existenzialismus, Kritische Theorie usw.) entwickelte, um einerseits die Lebenssituation der in Lehr-Lern-Prozessen stehenden Menschen im Hinblick auf ihre restriktive Wirkung auf die Bewusstwerdung analysieren und um andererseits die Prinzipien für eine befreiende Bildungsarbeit generieren zu können: Kultur des Schweigens, kulturelle Invasion, Anti-Dialog, Bankiers-Modell, Bewusstwerdung, Dialog, generative Themen, Codierung und Decodierung usw.

Konstitutiv für die Begründung seiner auf individuelle wie kollektive Befreiung aus Macht- und Abhängigkeitsverhältnissen zugleich angelegten Bildungsarbeit ist Freires durch seinen christlichen Glauben und sein marxistisches Denken geprägtes humanistisches Menschenbild, welches auf sozialanthropologischen Bestimmungen und Auslegungen des Menschen beruht. Die Überzeugung von der anthropologisch begründeten Hoffnung in den Menschen und von seiner Bildungs- und Selbstbildungsfähigkeit durchzieht konsequent alle Schriften Freires und tritt in manchen Beiträgen besonders nachhaltig in das Zentrum der Überlegungen. In seinem Aufsatz „Bildung als Erkenntnissituation“ (Original 1970, deutsch 1974) wird das Wesen der menschlichen Natur im Kontext gesellschaftlich-historisch vermittelter Mensch-Welt-Beziehungen in ebenso faszinierender Weise herausgearbeitet wie in einem der letzten Beiträge Freires zum Zusammenhang von Erziehung und Hoffnung (1997). „Präsenz in der Welt“ lautet die anthropologische Bestimmung des Menschen in diesem Text. Sie schließt zugleich eine politische und pädagogische Grundaufgabe ein: die soziale und geistige Freisetzung der lernenden und handelnden Menschen. Bildungsarbeit kennzeichnet für Freire eine menschliche Tätigkeit, die nur innerhalb lebendiger Mensch-Welt-Beziehungen angesiedelt ist und in der Konsequenz in den dialektischen „Beziehungen Mensch-Welt“ ihren Ausgangspunkt finden muss.[5] Im Widerspruch zwischen sozialanthropologisch begründeter Möglichkeit der Selbstbestimmung und faktischer Unterdrückung dessen in den bestehenden gesellschaftlichen Verhältnissen ist die Aufgabe einer kritischen Bildung angelegt: „Das menschliche Wesen, das sich im unfertigen Zustand befindet und sich dessen bewusst ist“, dabei zu unterstützen, sich „in einen permanenten Prozess hoffnungsvoller Suche“ einzubringen.[6]

Dieses Menschenbild beeinflusst Freires Geschichtsphilosophie grundlegend. In deren Rahmen nimmt der Prozess der Veränderung von Gesellschaft von Zuständen der Dehumanisierung hin zur Humanisierung als eigentliche Bestimmung individueller und kollektiver menschlicher Existenz eine zentrale Bedeutung ein. Freire begreift Geschichte in radikaler Weise als einen Raum, der von Menschen gestaltet wird. Es gibt Geschichte für ihn nicht ohne die Welt noch ohne den Menschen. Jenseits objektivistischer und subjektivistischer Betrachtungsweisen hebt Freire „die Bedeutung der Subjektivität im Prozess der Weltveränderung und der Geschichte“[7] hervor. Weder ist das geschichtliche Handeln des Menschen durch gesellschaftliche Umstände determiniert, noch wird es durch individuelle Akte allein konstituiert. Unter Rückgriff auf Marx und die Kritische Theorie, insbesondere den Ansatz Erich Fromms, betont Freire, dass Welt und Mensch niemals als von einander getrennt begriffen werden können. Mensch und Welt stehen in einem dialektischen Verhältnis zueinander, die sog. objektive Welt und die Welt des einzelnen Menschen sind so miteinander verwoben, dass beide Pole nicht voneinander abgespalten werden können. Demzufolge sind auch die geschichtlichen Prozesse der Veränderung von Gesellschaft

---

5 Vgl. Paulo Freire, Pädagogik der Solidarität, Wuppertal 1974, S. 81ff., in diesem Band S. 49ff.

6 Paulo Freire, Erziehung und Hoffnung, in: Armin Bernhard, Lutz Rothermel (Hg.), Handbuch Kritische Pädagogik: Eine Einführung in die Erziehungs- und Bildungswissenschaft, Weinheim 1997, S. 7-10.

7 Paulo Freire, Pädagogik der Unterdrückten. Bildung als Praxis der Freiheit, Reinbek 1971, S. 47.

Vorgänge, die in ein- und demselben Prozess die Veränderung gesellschaftlicher Strukturen wie die Veränderung menschlicher Subjektivität einschließt. Weil die Bestimmung des menschlichen Wesens zur Humanisierung sich in der historischen Realität nicht automatisch verwirklicht, sondern durch geschichtliches Handeln erst hervorgebracht werden kann, muss ein „schmerzvoller Geburtsvorgang“[8] eingeleitet werden, den Freire *Bewusstwerdung* nennt: Bildung und Erziehung sind die zentralen Kräfte, die diesen Geburtsvorgang provozieren können, in dessen Verlauf die Menschen sich ihrer dehumanisierten Situation bewusst werden. Geschichtliches Handeln in der Perspektive von Humanisierung und Befreiung ist ohne Bewusstseinsbildung nicht möglich. Jeder Versuch der Veränderung gesellschaftlicher, politischer und kultureller Strukturen schlägt wiederum in erneute Unterdrückung um, sobald er auf die Veränderung menschlicher Subjektivität verzichtet. Bildung ist für Freire ein zentrales Instrument der Bewusstwerdung, über die die Menschen ihre Situation *erkennen.*

In dem von ihm als Gegenmodell zur „Bankierserziehung“ entworfenen Konzept befreiender Bildungsarbeit werden Bildung und Erziehung selbst schon als Elemente der Humanisierung wirksam. Schon in einer unzulänglichen und entfremdeten Gesellschaft selbst müssen humanisierende Prozesse in Gang gesetzt werden, die eine zukunftsfähige Gesellschaft mitgestalten können: „im Befreiungsprozess selbst muss menschliches Glück, wie auch immer abgerungen, bereits erfahrbar sein, Aufhebung von Fremdbestimmung.“[9] Nicht nur die Qualität der Erkenntnisse selbst, sondern auch die Formen ihrer Gewinnung im Prozess der Bildung sind in fundamentaler Weise für eine befreiende Praxis relevant.

---

8 Ebd., S. 36.

9 Heinz-Joachim Heydorn, Zu einer Neufassung des Bildungsbegriffs (1972), in: Irmgard Heydorn, Hartmut Kappner, Gernot Koneffke und Edgar Weick (Hg.), Werke Bd. 4. Bildungstheoretische und pädagogische Schriften 1971 bis 1974, Vaduz 1995, S. 57-157, Zitat S. 155.

Peter Schreiner, Norbert Mette, Dirk Oesselmann, Dieter Kinkelbur

Was von Paulo Freire gelernt werden kann

Die mit der Rezeption des Freireschen Ansatzes immer wieder verknüpfte Frage, inwieweit die Übertragung eines in der „Dritten Welt“ entwickelten Bildungsmodells auf wohl situiertere Gegenden der Welt überhaupt möglich ist, muss erneut gestellt werden. Seine Rezeption und Verarbeitung hierzulande in den 1970er und 1980er Jahren war von einer weitgehend euphorischen Aufnahme der pädagogischen Kategorien und Bildungsprinzipien bei Paulo Freire, insbesondere den in seinem Buch „Pädagogik der Unterdrückten“ der westdeutschen pädagogischen Öffentlichkeit erstmalig präsentierten Grundlagen befreiender Bildungsarbeit, bestimmt. Ein hoch entwickeltes Bewusstsein von den weltpolitischen Abhängigkeitsverhältnissen und die damit einhergehende Solidarität mit den Befreiungsbewegungen in den Ländern der sogenannten Dritten Welt bestimmten diese euphorische Rezeption ebenso wie die Grundüberlegungen Freires zu Pädagogik und Erziehung, mit der er die Menschenbilder, die Bildungsziele und die Handlungsformen der Pädagogik in den industriekapitalistischen Ländern konfrontierte. Dass Vorstellungen eines naiven Transfers in dieser Situation auf fruchtbaren Boden fielen, ist nicht weiter verwunderlich. Was aber können wir von Paulo Freire tatsächlich lernen? Und wo sind die Grenzlinien der Übertragbarkeit zu ziehen?

Diese Fragen sind ohne eine vielschichtige Auseinandersetzung mit dem Werk Paulo Freires nicht zu beantworten. Denn das Problem der Übertragbarkeit stellt sich auf erkenntnistheoretischer, sozialanthropologischer und bildungstheoretischer Ebene anders als etwa auf der Ebene der praktischen Organisation von Schule, der Gestaltung des Lehr-Lern-Prozesses, der Entwicklung generativer Themen oder den Codierungs- und Decodierungsprozessen. Auf dieser Ebene sind die Konzeptionen der Bildungsarbeit so stark mit den Lebensumständen etwa der lateinamerikanischen Landarbeiter und Landarbeiterinnen verknüpft, dass sich eine direkte Übertragung auf die Lebens- und Sozialisationsbedingungen der Menschen im reichen kapitalistisch geprägten Norden verbietet.

Die Transferierbarkeit liegt vielmehr in den perspektivischen Erweiterungen, die in Freires Sicht auf die dialektischen Mensch-Weltbeziehungen angelegt sind und eine Provokation westlich hegemonialer Vorstellungen von gesellschaftlicher Entwicklung und den in ihr liegenden Bildungsansprüchen darstellen. Eine radikal andere Perspektive auf die Zukunft der menschlichen Gesellschaft und einer in ungewohnter Weise politisierten und auf gemeinschaftliche Kontexte rückbezogene Sicht auf Bildung stellen einen Bezugsrahmen her, der zukunftsfähige Bildungsprojekte fördern könnte, die sich jenseits einer nur noch nach ökonomischen Erfordernissen ausgerichteten Schule, aber auch jenseits einer insgesamt durch den neoliberal-kapitalistischen Markt in Besitz genommenen Bildungslandschaft entwickeln.

Freires Theorie pädagogischer Prinzipien zur Freisetzung handlungsfähiger Subjekte ist insofern ein Desiderat der Pädagogik in den materiell reicheren Ländern, als er den Individualismus wie den apolitischen Grundzug des Bildungsprozesses kritisch aufhebt, ohne den Begriff eines selbstständigen Subjektes preiszugeben. In seinen philosophischen Begründungen des Dialogs als Grundlage befreiender Bildungsarbeit macht Freire die Sozialgebundenheit und die solidaritätsstiftenden Momente als unabdingbare Bedingungen einer befreienden Bildung deutlich: Der Dialog ist keinesfalls ein Zwiegespräch im Sinne des kommunikativen Austausches zwischen vereinzelten Subjekten, sondern von seiner Grundstruktur her bereits ein politischer, gemeinschaftlicher, kollektiver Bildungsprozess, in dem „die im Dialog Stehenden ihre gemeinsame Aktion und Reflexion auf die Welt richten, die es zu verwandeln und zu vermenschlichen gilt“[10]. Indem Freire den Dialog von vornherein als politischen Bewusstseinsbildungsprozess konzipiert, der gar nicht anders als im Zusammenhang gemeinschaftlicher Erkenntnisanstrengungen denkbar ist, beugt er einer Sicht von Bildung und Subjektwerdung vor, die die Autonomie des vereinzelten Subjektes in der sozialen Rückgebundenheit verkennt. Eine solche Sicht auf Bildung verhindert die Freilegung der Potentiale, die in einem gemeinsamen Prozess der Erkenntnisgewinnung liegen.

10 Paulo Freire, Pädagogik der Unterdrückten a.a.O., S. 95.

Autonomie – wie Paulo Freire sie versteht – ist auf das Korrektiv einer dialogisch-solidarischen Bildungsanstrengung verwiesen. Einem nur individuell verstandenen Autonomiekonzept könnte mit einer Neuakzentuierung der Vorstellung gemeinschaftlicher Bildungsanstrengungen systematisch entgegengewirkt werden.

Die Auseinandersetzung mit der Ideologie des Neoliberalismus wird zu einem Brennpunkt im Ansatz Paulo Freires. Er charakterisiert sie als eine Ideologie, die menschliche Beziehungen auf Marktgesetze reduzieren will und keine moralischen Grundsätze mehr entwickeln kann. Diese Ideologie, „die den Tod der Geschichte, das Verschwinden der Utopie, die Vernichtung des Traums verordnet“[11], kommt einer Verleugnung des menschlichen Wesens schlechthin gleich. Soziale Gegenbewegungen und nicht zuletzt eine Pädagogik der Hoffnung könnten eine Allianz bilden, die diese Ideologie und mit ihr die damit verschleierten Herrschafts- und Abhängigkeitsverhältnisse aufzuheben in der Lage wäre.

Im übertragenen Sinne bietet die Auseinandersetzung mit der Pädagogik Paulo Freires die Möglichkeit, uns selbst einem Alphabetisierungsprozess zu unterziehen. Angesichts der immer weiter und tiefer reichenden Spaltung der Menschheit in Reiche und Arme, in Privilegierte und Zu-überflüssig-Erklärten (Exkludierten) sowie der rücksichtslosen Ausbeutung der natürlichen Ressourcen – Tatsachen, die durch die „sanfte Verblödung“ durch die Medien im wahrsten Sinne des Wortes überspielt werden sollen – werden wir dazu aufgefordert, diese Wirklichkeit wieder politisch durchzubuchstabieren – auch und gerade im Hinblick auf Bildung und Erziehung. Die politische Alphabetisierung dient vor allem der heranwachsenden, aber auch der erwachsenen Generation dazu, sich die gesellschaftlichen Prozesse in ihren Widersprüchen wieder geistig verfügbar zu machen, um handlungsfähig zu werden. Paulo Freire gibt für diese politische Alphabetisierung mehr als nur eine Anleitung.

Die Entstehung dieses Bandes wurde von vielen Stellen unterstützt und gefördert. Wir danken den Verlagen für die Überlassung der Nachdruckrechte der aufgenommenen Texte. Ohne ihre

11 Ders., Erziehung und Hoffnung, a.a.O., S. 9.

Zustimmung und Unterstützung wäre diese Publikation nicht zustande gekommen.

Die Texte in diesem Band stammen aus dem Zeitraum 1970-1989, der ersten Schaffensperiode von Paulo Freire. Bei bereits in Deutsch vorliegenden Texten, die vor der Rechtschreibreform verfasst wurden, haben wir den damals geltenden Regeln Rechnung getragen. Die von uns neu oder erstmals übersetzten Texte sind nach der neuen Rechtschreibung verfasst.

Ein Dank gilt dem Comenius-Institut für die Zustimmung und Realisierung dieses Projektes. Insbesondere Angelika Boekestein hat in gewohnt sorgfältiger Weise für die Aufbereitung der Texte in druckfähiger Fassung gesorgt. Der Ökumenische Rat der Kirchen in Genf, eine wichtige Station in Paulo Freires Wirken, hat das Projekt finanziell unterstützt. Auch dafür sind wir sehr dankbar.

Schließlich gilt unser Dank dem Waxmann Verlag, der diese Publikation in sein Programm aufgenommen und uns in professioneller Weise bei der Erstellung beraten und begleitet hat.

Die Herausgeber in Kooperation mit Armin Bernhard

Der Beitrag über „Politische Alphabetisierung" erschien 1970 in den „Lutherische(n) Monatshefte(n)" und setzt Überlegungen Paulo Freires zur sprachlichen Alphabetisierung aus der Pädagogik der Unterdrückten (Original 1970, erste deutsche Fassung 1971) in Beziehung zum Selbst und zur Welt fort. Vor dem Hintergrund seiner lateinamerikanischen Erfahrungen und angereichert mit Beispielen aus diesem Kontext diskutiert Freire, dass es beim Lesen Lernen wie beim Entschlüsseln der sozialen Wirklichkeit zugleich um eine Neuschöpfung des Lehrenden – Freire wählt hier das Bild von der Osterauferstehung –, und eine Subjektwerdung des Lernenden geht.

Sowohl die herrschende erzieherische Praxis in Lateinamerika wie die Realität der Pädagogik in den sozialistischen Gesellschaften der sechziger Jahre des vergangenen Jahrhunderts werden kritisiert, weil sie in den um Erkenntnis ringenden Menschen als Objekt belassen. Erst ein kritisches Verständnis der Wirklichkeit, die Inblicknahme der sozialen Strukturen und konkreten Weltbezüge ermöglicht es, die Weltwirklichkeit in einer Art und Weise zu begreifen, dass sie weder nur akzeptiert noch undialektisch als eine Endstufe menschlicher Möglichkeiten gesehen wird.

Paulo Freire

Politische Alphabetisierung* (1970)

Einführung ins Konzept einer humanisierenden Bildung

Dr. Paulo Freire war zunächst Professor an der Universität in Recife (Brasilien), dann Leiter der Abteilung für Alphabetisierung im brasilianischen Erziehungsministerium. Nach dem Umsturz 1964 wurde er verhaftet und ausgewiesen. Im Februar 1970 berief ihn der Ökumenische Rat der Kirchen in sein Büro für Bil-

* Quelle: Paulo Freire, Politische Alphabetisierung. Einführung ins Konzept einer humanisierenden Bildung. Übersetzt von Werner Simpfendörfer, in: Lutherische Monatshefte 9 (1970), H.11, S. 578-583.

dungsfragen nach Genf. Zu seinem eben erschienenen Werk „Pedagogy of the Oppressed" vgl. den Beitrag von Ernst Lange in diesem Heft Seite 562. Der Übersetzer des folgenden Aufsatzes, Werner Simpfendörfer (vgl. S. 573), Freires Genfer Kollege, merkt an: Der Ausdruck Zögling wird benutzt, um sprachlich die pädagogische Dialektik zu fassen, um die es dem Verfasser geht; die Assoziation mit „Insassen geschlossener Anstalten", die der Ausdruck im Deutschen erzeugt, mag gleichzeitig die sachliche Hypothek unserer pädagogischen Tradition in Erinnerung bringen. (LM)

Als ich die Aufgabe übernahm, diesen Artikel für die Lutherischen Monatshefte zu schreiben, habe ich sein Thema als eine Herausforderung an mich begriffen. Schon die Tatsache, es so aufgegriffen zu haben, verpflichtete mich dazu, ihm kritisch und nicht naiv gegenüberzutreten.

Diese kritische Einstellung impliziert umgekehrt ein Eindringen in den innersten Bereich des Themas, um es von dort aus nach und nach zu entfalten. Auf diese Weise wird der Artikel als meine Antwort auf die Thema-Herausforderung zu einer neuen Herausforderung für den Leser. Verhalte ich mich nämlich gegenüber dem Thema wie oben beschrieben, so habe ich mich auf einen Erkenntnisvorgang eingelassen, der nicht nur das erkennbare Objekt, sondern auch ein erkennendes Subjekt – nämlich mich – erfordert.

Im Dialog erkennen

Erkennen – stets ein Prozeß – setzt aber nun eine dialogische Situation voraus. Streng genommen gibt es kein „ich denke", sondern nur ein „wir denken". Nicht das „ich denke" konstituiert das „wir denken", sondern im Gegenteil macht es das „wir denken" mir möglich, zu denken. In der Erkenntnissituation wird das Erkenntnisobjekt nicht zum Erkenntnisbegriff eines der erkennenden Subjekte allein, sondern zu dem ihrer Vermittlung.

Das Thema, das ich als Kern meiner Überlegungen vor mir habe, kann also nicht das letzte Gegenüber meines Erkenntnisaktes bleiben, ist es doch ein „Objekt“, welches zugleich ein erkennendes Verhältnis zwischen mir und meinen Lesern herstellt, die ja auch erkennende Subjekte sind. Darum möchte ich sie ernstlich einladen, diese Rolle zu akzeptieren, sich ihr nicht zu verweigern, da sie sonst zu bloßen Empfängern meiner Analyse werden.

Das bedeutet, daß während ich schreibe, ich nicht bloß Berichterstatter eines von mir für gegeben angesehenen Tatbestandes sein kann. Meine Aufgabe besteht vielmehr darin, ein kritischer Geist zu sein, neugierig, unruhig, ständig auf der Suche – ebenso wie auch der Leser, der die Mühe meines Suchens neu auf sich nehmen muß, der einzige Unterschied zwischen mir und meinem Leser hinsichtlich des Themas besteht darin: während ich davorstehe und mit seiner Klärung beschäftigt bin, mein Verständnis des Themas mehr und mehr fixiere, steht zwar auch der Leser davor – zugleich steht er aber auch vor meinem Verständnis des Themas, wie es in meinem Artikel zum Ausdruck kommt.

Das heißt aber nicht – und das sei noch einmal unterstrichen – daß sich der Leser damit abfinden muß, seine Mühe sei vergeblich und er hätte sich eben meiner Analyse zu unterwerfen. Seine Bemühung ist vielmehr in gewisser Hinsicht größer als die meine, weil er in das Thema selbst und in meine Auffassung davon gleichzeitig einzudringen hat.

Wissensdurst-Pädagogik

In der Tat – das Lesen ist nicht etwa ein intellektueller Zeitvertreib, sondern ein ernsthaftes und engagiertes Handeln, bei dem der Leser die verworrenen Dimensionen seines Untersuchungsgegenstandes zu klären versucht. In diesem Sinn ist Lesen nichts anderes als Neuschreiben und hat nichts damit zu tun, den Inhalt des Gelesenen auswendig zu lernen. Wir müssen das naive Verständnis überwinden, das Lesen und Studieren als einen „Speise-Vorgang“ sieht.

Wer mit diesem irrigen Verständnis, das ich gern „die Ernährungskonzeption der Erkenntnis“ nenne (vgl. dazu J. P. Sartre, Situations 1, Paris 1959) liest oder studiert, tut das dann, um „intellektuell fett zu werden". Daher kommt auch der Gebrauch von Ausdrücken wie „wissensdurstig", erkenntnishungrig", „Appetit auf Wissen", „man schlürft die Weisheit" usw. Eben diese falsche Sicht kann man unschwer hinter unserer Bildungspraxis entdecken, die damit zugleich als Akt bloßer Wissensübermittlung aufgedeckt wird. In einer derartigen Praxis sind die Erzieher die Besitzer von Wissen, während die zu Erziehenden nichts anderes sind als „leere Gefäße", die der Füllung durch die „Einlagen" jener bedürfen. Hier stellt der Schüler nichts in Frage, weil seine Haltung lediglich darin besteht, passiv das Wissen zu empfangen, das der Erzieher an ihn austeilt.

Wäre Erkenntnis etwas Statisches und das Bewußtsein eine Leere, die einen bestimmten Raum im Menschen beansprucht, dann wäre die geschilderte Bildungs- und Erziehungspraxis im Recht. So ist es aber nicht. Erkenntnis ist vielmehr ein Prozeß, und Bewußtsein ist nichts anderes als „lntentionalität" auf die Welt hin. Aus diesem Grund verläuft der Prozeß der Erkenntnisbildung anders.

Unter Menschen setzt Erkenntnis das fortwährende Zusammenspiel von Aktion und Reflexion im Blick auf die Wirklichkeit voraus. Als „Präsenz" in der Welt ist der Mensch „bewußter Leib", der die Welt handelnd und denkend transformiert, wodurch er auch in der Lage ist, auf der reflexiven Ebene Erkenntnis zu gewinnen. Genau aus diesem Grund können wir auch unsere eigene Präsenz in der Welt, die stets das Beieinander von Aktion und Reflexion einschließt, zum Gegenstand unserer kritischen Analyse machen. Nur dadurch, daß wir uns von ihnen distanzieren, können wir nämlich wissen, wie wir in früheren Erfahrungen zur Erkenntnis kamen. Je mehr wir aufzudecken vermögen, warum wir so sind wie wir sind, desto eher ist es uns möglich, hinter die raison d'être der Wirklichkeit zu kommen und können so ihr naives Verständnis durch ein kritisches ersetzen.

Genau dieses haben wir nun zu tun – ich selbst und meine Leser – im Blick auf das Thema dieses Artikels. Während ich hier schreibe, und während der Leser dann liest, was ich jetzt schreibe, müssen wir jene kritische Analyse üben, die ich zu schildern versuchte. Das will besagen: wir haben unsere Erfahrungen, beziehungsweise die Erfahrungen anderer auf dem Felde, das wir jetzt miteinander zu verstehen suchen wollen, zum Gegenstand unserer Reflexion zu machen. Auf diese Weise wird es uns möglich sein, in unterschiedlichen Augenblicken und nicht unbedingt in der gleichen Form, die wirkliche Bedeutung dieses Wortgebildes begreifen zu lernen: „Politische Alphabetisierung".

Hier erscheint das Hauptwort „Alphabetisierung" im bildlichen Sinn. Bedenken wir dieses Bild, dann scheint es mir besser, unsere Analyse damit zu beginnen, das konkrete Phänomen zu untersuchen, das den Gebrauch eines solchen Bildes ermöglicht hat. Das heißt, wir müssen wenigstens allgemein den sprachlichen Alphabetisierungsprozeß diskutieren, auf den sich das erwähnte Bild bezieht. Das erfordert methodisch einige Vorüberlegungen über die verschiedenen Praktiken im Bereich der Erwachsenenalphabetisierung, welche ihrerseits die unterschiedliche Einschätzung der Analphabeten bestimmt.

Domestizierende oder befreiende Praxis

Diese einander entgegengesetzten Praktiken spiegeln wider, was man jeweils unter Analphabeten versteht. Grundsätzlich geht es um zwei Praktiken: Die eine will die Menschen „domestizieren". Im anderen Fall handelt es sich um eine Praxis, die ihrer Befreiung dient. Im Anschluß an eine Beschreibung der ersteren Praxis und einiger ihrer wesentlichen Kennzeichen im Lichte meiner lateinamerikanischen Erfahrung werde ich meine Sicht der letzteren zur Diskussion stellen.

Bei der ersteren handelt es sich also um eine „domestizierende" Praxis, wobei es keine Rolle spielt, ob die Pädagogen sich dessen bewußt sind oder nicht. Ihr Kern besteht in der Dimension der Manipulation, die im Verhältnis zwischen Erzieher und „Zögling" wirksam wird, wobei der letztere eindeutig Objekt des Handelns des ersteren ist. So gesehen, müssen die Analphabeten als passive Wesen mit den Worten der Erzieher „gefüllt" werden, statt daß sie eingeladen werden, sich am Prozeß des Lernens schöpferisch zu beteiligen. Die „generativen Themen" werden, was eigentlich aus dem Gesagten hervorgeht, von den Erziehern aus ihrem kulturellen Beziehungsrahmen ausgewählt. Sie werden den Analphabeten so präsentiert, als wären sie etwas vom Leben Isoliertes – als ob es ein Sprachdenken ohne Wirklichkeit geben könnte.

Andererseits werden bei einer solchen pädagogischen Praxis die sozialen Strukturen nie als Problem zur Diskussion gestellt, um deren Eröffnung es doch eigentlich geht. Im Gegenteil: sie werden durch ein Vorgehen mythologisiert, das das „falsche Bewußtsein" der Menschen verstärkt. Daraus erklärt sich die deutliche Sorge der Verantwortlichen, die soziale Wirklichkeit in einem freundlicheren Licht zu zeigen. Man lädt die Analphabeten nicht etwa zu einem Erkenntnisprozeß ein, dazu, die wirklichen Ursachen ihrer konkreten Situation zu entdecken, sich und die Welt auf den Begriff zu bringen, vielmehr sollen sie die Wirklichkeit so akzeptieren, wie sie ist, oder anders gesagt, sich ihr anpassen.

Für eine solche Ideologie der Beherrschung ist alles, was für die Machthaber gut und recht ist, auch gut und recht für die Leute. Eben deshalb ist es bei dieser Art der pädagogischen Praxis – die keineswegs auf den Alphabetisierungsvorgang beschränkt ist – unausweichlich, daß die Menschen mehr und mehr entfremdet werden. Hier geht es dann als allererstes darum, ihre Fähigkeit zu konkretem Denken, ihre Neugierde, ihr Gefühl für Überraschung im Blick auf das Leben selbst zu töten. Die Analphabeten sollen auswendig lernen, damit sie wiederholen – keineswegs nur die Buchstaben, die Silben, die Worte, die man ihnen eintrichtert: sie sollen auch noch die entfremdeten und entfremdenden Texte repetieren, die von einer falschen Welt der Illusionen reden. Das alles wird natürlich im Namen des Menschen vollzogen und wird nicht als das deutlich, was es in Wirklichkeit ist: als ein Weg, Menschen zu dehumanisieren.

Lehren und Lernen werden zu getrennten Vorgängen. Da der Erzieher der ist, der erzieht und der „Zögling" der ist, der vom Erzieher erzogen werden muß, ist es der Erzieher, der alles weiß, der „Zögling" weiß nichts. Als klare Schlußfolgerung wird daraus abgeleitet, daß es die Rolle des ersteren ist, zu lehren, die Rolle des letzteren aber zu lernen. Eine solche Spaltung, die die Dialektik von Lehren und Lernen leugnet, verstärkt die elitäre Konzeption von Erkenntnis und Kultur.

„Kulturelle Invasion“

Es gibt noch einige weitere Punkte, die bei dieser pädagogischen Praxis festzuhalten sind. Da ist zum Beispiel die „kulturelle Invasion“. Dabei unternehmen die Erzieher – bewußt oder unbewußt – die Anstrengung, den Analphabeten an die bürgerlich-kulturellen Lebensformen anzupassen, indem sie seine heimatliche Kultur einfach ignorieren. Dem Pädagogen stellt sich im Prozeß der „kulturellen Invasion“ die Aufgabe, dem Analphabeten die Bewunderung bürgerlicher Werte als höherer Werte beizubringen, damit er ja nicht gegen sie reagiert. Daher kommt es, wie gesagt, daß es bei einem solchen Vorgehen dem Analphabeten unmöglich gemacht wird, die Wirklichkeit aufzudecken. Die kapitalistisch-bürgerliche Gesellschaft mit allem, was dazu gehört, darf von ihm nicht als Moment des historischen Prozesses gesehen und begriffen werden, sondern muß im Gegenteil als etwas angenommen werden, das nicht zu übertreffen ist. Diese Gesellschaft muß dem Analphabeten als der höchste Weg des Lebens erscheinen, als der Weg, der es für Menschen möglich macht, ihre menschlichen Möglichkeiten zu entfalten.

Hält man sich das alles vor Augen, wird leicht verständlich, wie die Analphabeten in einer solchen Pädagogik eingeschätzt werden. Vor allem sieht man sie als „Randsiedler“, so, als hätten sie es selbst vorgezogen, die „gesunde Gesellschaft“ zu verlassen, um an ihrem Rand zu siedeln. Dann ist es natürlich eines der vorrangigen Anliegen dieses Bildungsstils, der seine herrschaftliche Ideologie widerspiegelt, die „Armen“, „Kranken“ und „Randsiedlerexistenzen“ wieder der Genesung zuzuführen. Was diese ideologische Praxis also tun möchte, ist ziemlich klar: sie möchte Menschen ändern, aber soziale Strukturen nicht antasten. Die sind sauber und gut, warum sollte man sie ändern?

Keine Pädagogik ist neutral

Bei aller Kritik dieser Praxis glaube ich jedoch darauf hinweisen zu müssen, daß der bewußte bürgerliche Pädagoge, sei er Lehrer an einer Grundschule, sei er in der Erwachsenenbildung oder als Professor an einer Universität tätig, nicht anders kann, als sich diesem Vorgehen anzuschließen. Es wäre naiv, zu hoffen, daß die Mächtigen eine Erziehungsform entwickeln, die die Menschen dazu instand setzen würde, in kritischer Weise soziale Ungerechtigkeiten zu entdecken.

Die Schlußfolgerung zeigt die Unmöglichkeit einer „neutralen Pädagogik" (vgl. P. Freire, Cultural Action for Freedom, Harvard 1970). Was das heißt, bedarf der Erklärung. Naiv verstanden könnte diese Formulierung bedeuten, daß ich für eine Bildungsarbeit eintrete, bei der der Erzieher, dessen Praxis nicht „neutral" sein darf, den Selbstausdruck des Schülers oder sein Recht zu wählen beziehungsweise zu lernen, wie man auswählt, nicht zu respektieren hätte.

In Wirklichkeit jedoch kann die Pädagogik insofern nicht neutral sein, als sie immer in einem Handeln besteht, das entweder der „Domestizierung" der Menschen oder ihrer Befreiung dient. Nur im ersteren Fall handelt es sich, wie wir gesehen haben, um eine „domestizierende Praxis". Auf dem Boden der zweiten Hypothese besteht die Erziehung im Gegensatz dazu in einem Vorgang, bei dem der Erzieher den „Zögling" einlädt zu einem wirklichen Erkennen, dazu, die Wirklichkeit kritisch aufzudecken. Während also die Erziehung zur „Domestizierung" das falsche Bewußtsein der Menschen fördern will, um ihre Anpassung an die Wirklichkeit zu erleichtern, kann die Erziehung zur „Befreiung" nicht etwa in dem Bemühen bestehen dem „Zögling" Freiheit aufzuzwingen. Während die domestizierende Erziehung zu einer zwangsläufigen Spaltung zwischen denen, die manipulieren und denen die manipuliert werden, führt geht es in der befreienden Erziehung darum, daß es keine Subjekte gibt, die befreien, und Objekte, die befreit werden. In einem solchen Prozeß ist diese Spaltung zwischen den Polen nicht möglich. Wir haben es also im zuerst beschriebenen Prozeß mit einem präskriptiven, im zweiten mit einem dialogischen zu tun. Aus diesem Grund geht es bei der „Erziehung zur Domestizierung" um einen Akt der Übermittlung vorgefertigten Wissens, während es bei der „Erziehung zur Befreiung" um einen Vorgang der Erkenntnis und um eine Methode zum transformierenden Handeln geht, das Menschen der Welt gegenüber auszuüben haben.

Unter dem Gesichtspunkt der Befreiung betrachtet, ist darum der Alphabetisierungsprozeß ein Erkenntnisvorgang, ein schöpferischer Vorgang, bei dem der Analphabet genauso die Rolle eines erkennenden Subjekts spielt wie der Erzieher. Hier wird der Analphabet nicht als „leeres Gefäß" betrachtet, als bloßer Empfänger der Worte des Erziehers. Vom kritischen und freiheitlichen Standpunkt aus ist der Analphabet nicht eine Randfigur, die eingegliedert werden muß, sondern ein Mensch, dem vorenthalten wird, in seiner eigenen sozialer Wirklichkeit zu lesen und zu schreiben. Hier wird er nicht als Randfigur betrachtet, sondern als das, was er in Wirklichkeit ist, nämlich als Unterdrückter, der in seinem Recht beschnitten ist, die Welt zu verändern. Während beim Alphabetisierungsprozeß als domestizierender Praxis die „generativen Themen" vom Pädagogen bestimmt werden, ergeben sie sich bei der Alphabetisierung als Erkenntnisprozeß aus dem Gespräch der Analphabeten selbst, durch die Untersuchung dessen, was ich im allgemeinen das „minimalsprachliche Universum" der Leute nenne (vgl. P. Freire, Eduçao como Practica da Liberdade, 1968).

Politische Analphabeten

Wenn wir uns nun dem Problem der politischen „Alphabetisierung" zuwenden, so scheint mir, daß unser Ausgangspunkt natürlich einerseits die Analyse dessen sein muß, was ein politischer „Analphabet" ist. Andererseits aber haben wir den politischen „Alphabetisierungsprozeß" zu diskutieren.

Ist der sprachliche Analphabet derjenige, der nicht weiß, wie man liest und schreibt, dann ist der politische Analphabet, ganz abgesehen davon, ob er lesen und schreiben kann, derjenige, der eine naive Vorstellung vom Menschen und seinem Verhältnis zur Welt hat, – ein naives Verständnis der sozialen Wirklichkeit. Für ihn ist diese Wirklichkeit eine bloße Gegebenheit, etwas, das ist wie es ist, und nicht etwas, das sich im Werden befindet. Er neigt dazu, von der konkreten Wirklichkeit abzugehen, wodurch er sich vollständig in abstrakten Vorstellungen von der Welt verliert. Damit entflieht er lediglich seiner geschichtlichen Verantwortung.

Sofern er Wissenschaftler ist, verschanzt er sich gern hinter der vielberufenen Neutralität seiner wissenschaftlichen Tätigkeit. Indem er aber der objektiven Welt entflieht, dient er nicht nur der Erhaltung des Status quo, sondern er erleichtert auch die entmenschlichende Manipulation der Welt, der er sich verweigert.

Fehlende Hoffnung

Ist er darüber hinaus ein Christ, dann vollzieht er die unmögliche Spaltung zwischen Weltlichkeit und Transzendentalität – eine andere Form der Flucht aus der Objektivität. Da hat er dann ein mechanistisches und gelegentlich sogar ein fatalistisches Konzept der Geschichte. Geschichte ist für ihn nur das, was war, nicht aber das, was jetzt ist und sich anschickt, zu sein. Das Gegenwärtige ist nur etwas, was man normalisieren muß, und die Zukunft wird nur zur Wiederholung der Gegenwart. Damit wird aber der Status quo aufrecht erhalten. Gelegentlich begreift der politische Analphabet freilich die Zukunft nicht als Wiederholung der Gegenwart, sondern als etwas, das vorausbestimmt, vorher gegeben ist.

Beides sind „domestizierte Visionen“ der Zukunft. Die erste Vision unterwirft die Zukunft der Gegenwart, die nur zu wiederholen ist, die zweite reduziert sie auf das Unausweichliche. In jedem Fall wird der Mensch und damit auch die wirkliche Geschichte geleugnet, die es nicht abgesehen vom Menschen gibt.

So kommt es, daß beiden Betrachtungsweisen die Hoffnung mangelt. Die erste verbindet sich mit der reaktionären Praxis, die zweite, die nicht weniger reaktionär wird, können wir als eine mechanistische Entstellung des marxistischen Denkens bezeichnen.

Flucht in falsche Sicherheit

Der politische Analphabet, der das Gefühl der Ohnmacht gegenüber der „Irrationalität“ der entfremdeten und entfremdenden Welt erfährt, versucht, sich in die falsche Sicherheit des Subjektivismus zu flüchten. Gelegentlich gibt sich der politische

Analphabet, statt sich in den Subjektivismus zu flüchten, aktivistischen Praktiken hin. In beiden Fällen vermag er den Menschen nicht als Präsenz in der Welt zu begreifen, als Wesen der Praxis, das heißt als Wesen von Aktion und Reflexion gegenüber der Welt.

Es ist interessant zu sehen, wie sich die falsche, idealistische Konzeption der Praxis auf der Ebene des naiven Bewußtseins des politischen Analphabeten Ausdruck verschafft: die Spaltung zwischen Theorie und Praxis, die Universalität der Erkenntnis, frei von historischer Bedingtheit, die Rolle der Philosophie als einer Erklärung der Welt und Instrument ihrer Übernahme, Erziehung als bloße Ausbreitung von Fakten und die Übertragung des Erbes eines reinen Wissens: lauter Überzeugungen, die das naive Bewußtsein des politischen Analphabeten fortwährend deklamiert. Durch die domestizierende Wirklichkeit ideologisiert, erreicht ein solches Bewußtsein nicht einmal den objektiven Idealismus Hegels, bei dem die Arbeit als verwandelndes Handeln erscheint, das Menschen der Welt gegenüber ausüben und als ihre Bildung, obwohl Praxis doch bei Hegel eine Aktivität des Denkens war.

Für ein solches Bewußtsein ist die Unmöglichkeit von Theorie ohne Praxis, von Denken ohne verwandelndes Handeln, von Theorie, die die Wirklichkeit nur erklärt und einer rein neutralen Bildung schwer zu begreifen. Kommt noch eine Verbildung des naiven Bewußtseins des politischen Analphabeten hinzu, dann wird es vollends immun gegenüber einem kritischen Verständnis der Wirklichkeit. So ist es zum Beispiel viel leichter, mit einem lateinamerikanischen illiteraten Landarbeiter über das Verständnis von Mensch und Welt, über den Irrtum der Spaltung von Handarbeit und intellektueller Arbeit zu diskutieren, als mit einem Intellektuellen, der aber politischer „Analphabet“ ist.

Diesen Sachverhalt würde der Intellektuelle dann damit erklären, daß er eben auf Grund seines Wissens über ganz andere Möglichkeiten verfügt, sich vor Manipulation zu schützen, während der Landarbeiter eben ein totaler Ignorant sei. Für ihn ist also die Fähigkeit des Landarbeiters, die Wirklichkeit zu verstehen und sich auszudrücken, nichts anderes, als die Demonstration seiner intellektuellen Unterlegenheit.

Mangelnde Kritik und Dialektik

Im Lichte all dessen kann ich wohl in gewisser Weise noch einmal unterstreichen, was ich bereits gesagt habe: der bildliche Ausdruck vom „politischen Analphabeten“ weist auf den Mangel an kritischem oder dialektischem Verständnis des Menschen in seinem Verhältnis zur Welt hin. Wie das sprachliche Analphabetentum verlangt es ebenfalls nach einem Lernprozeß, der wiederum entweder der Domestizierung oder der Befreiung dienen kann. Es scheint mir jedoch von größter Wichtigkeit, zu betonen, daß ein solcher Lernprozeß nicht notwendigerweise besonderer Kurse bedarf. Was auch das Spezialgebiet des Lehrers sein mag, er wird entweder das naive Bewußtsein des Schülers oder sein kritisches Bewußtsein stärken.

Im ersten Teil des Artikels habe ich den Alphabetisierungsvorgang untersucht, der der „Domestizierung“ dient. Ich möchte nun in einer ganz allgemeinen Weise darauf eingehen, was vom kritischen Standpunkt aus meiner Meinung nach Bildung oder Erziehung sein muß. Da geht es um eine Erziehung, die es durch eine Entmythologisierung der Wirklichkeit dem Erzieher und dem „Zögling“ ermöglicht, ihr politisches Analphabetentum zu überwinden. Dabei werde ich gelegentlich auf einige Aspekte zurückkommen, die ich bereits erwähnt habe. Ich hoffe aber, daß solche Rückgriffe dem Leser und mir helfen, unser gemeinsames Thema noch besser zu klären.

Befreiendes Erziehen

Ich beginne mit der wiederholten Feststellung: ohne eine Überwindung von Konzept und Praxis einer Erziehung als bloßer Weitergabe von Wissen, als bloßer Beschreibung der Wirklichkeit, verhindern wir das Entstehen eines kritischen Bewußtseins und vertiefen wir das politische Analphabetentum. Sofern wir uns für Befreiung und Humanisierung entschieden haben, müssen wir eine solche Pädagogik durch eine Pädagogik ablösen, für die sich Erkenntnis und Verwandlung der Wirklichkeit, die unserem Erkennen als Objekt aufgegeben ist, gegenseitig bedingen. Hier ist

„Erziehung zur Befreiung" als echte Praxis zugleich Erkenntnisvorgang und Methode für weltveränderndes Handeln, das Menschen der Wirklichkeit gegenüber auszuüben haben, die sie zu erkennen suchen. So wird Bildung oder „kulturelles Handeln für die Freiheit" ein soziales Handeln und erneuert sich als Methode dieser Praxis ständig selbst in eben diesem Vorgang.

Bei der Überwindung der domestizierenden Bildungspraxis durch die befreiende Bildungspraxis muß ein Punkt von grundlegender Wichtigkeit geklärt werden. Ich meine, daß eine im echten Sinn befreiende Praxis einem Erzieher unmöglich ist, der sich nicht völlig von seinem „bürgerlichen" Kollegen zu unterscheiden vermag. Während der „bürgerliche" Pädagoge, wie gesagt, immer der Erzieher des .„Zöglings" ist und bleibt, muß der Erzieher zur Freiheit als Nur-Erzieher „sterben", um als „Erzieher-Zögling" des „Zögling-Erziehers" neu geboren zu werden. Er muß andererseits dem „Zögling" nahebringen, daß er als Nur-Zögling des Erziehers „sterben" muß, um als „Zögling-Erzieher" des „Erzieher-Zöglings" wiedergeboren zu werden. Ohne dieses gegenseitige „Sterben" und ohne diese gegenseitige Wiedergeburt ist Erziehung zur Befreiung nicht möglich.

Das bedeutet freilich nicht, daß der Erzieher als impulsgebende Präsenz verschwindet. Ein solcher Impuls wird für jede Form der Erziehung nötig sein, sei sie ein Instrument zur Erhaltung des Status quo oder eine Methode zur Veränderung und Erkenntnis der Wirklichkeit. Im letzteren Fall jedoch weicht der ursprüngliche Impuls Stück um Stück der Synthese, in der der „Erzieher-Zögling" und der „Zögling-Erzieher" zu echten Subjekten des Prozesses werden.

Ein solcher Erzieher muß vor allem darauf hingewiesen werden, daß er sich in dem Augenblick, in dem dieser Prozeß beginnt, darauf vorbereiten muß, „zu sterben". Er muß wissen, daß er, um ein echter Erzieher zur Freiheit zu werden, aufhören muß, ein Erzieher im Sinne der bürgerlichen Praxis zu sein. Nur durch sein „Sterben" hindurch, das er selbst zu initiieren hat, ist es möglich, daß er auf der einen Seite er selbst, auf der anderen Seite sein „Zögling" als Erzieher neu geboren werden. So ist er ein Erzieher, der den tiefen Sinn von Ostern zu leben hat. Diesen

Übergang (den die bürgerliche Pädagogik von Natur aus nicht vollziehen kann) hat die revolutionäre und humanitäre Pädagogik zu leisten. Verweigert sie sich dem, dann hört sie auf, revolutionäre und humanitäre Erziehung zu sein.

Versagen der sozialistischen Gesellschaften

Ein tragisches Versagen der sozialistischen Gesellschaften (mit Ausnahme Chinas infolge der Kulturrevolution und Kubas) liegt deshalb darin, daß sie ganz allgemein nicht in der Lage waren, den domestizierenden Charakter der bourgeoisen Erziehung durch eine befreiende Erziehung als soziale Praxis zu überwinden. So setzten sie die sozialistische Erziehung gleich mit der Reduktion des marxistischen Denkens – einem Denken, das sich an sich nicht einkerkern läßt – in „Tabletten", die die Leute „schlucken" müssen. Auf diese Weise verfallen sie in die gleiche „Ernährungs"-Praxis, die die bourgeoise Erziehung charakterisiert. Das hängt damit zusammen, daß die bourgeoise Ideologie in einer merkwürdigen Art von Idealismus besteht, die man auf den Begriff bringen kann: die Umwandlung der Gesellschaft, einmal vollzogen, schafft automatisch eine gute Welt, diese kann nicht mehr in Frage gestellt werden. So kommt es, daß offenbar die Erzieher dieser guten und für diese gute Welt in ihrer Praxis die Erzieher der guten bourgeoisen Welt und für die gute bourgeoise Welt kopieren. Sie sind genauso „Herr Professor" wie die bourgeoisen Erzieher. Das Verhältnis, das sie zu ihren Schülern entwickeln, ist genauso vertikal, wie zwischen den bourgeoisen Erziehern und ihren „Zöglingen". Da in ihrem Lernverhältnis das erkennbare Objekt auch dort in ihrem Besitz ist und nicht in der Vermittlung zwischen ihnen und den Schülern besteht, haben sie sich ebenso weit von den Studenten entfernt. Sie spalten Lehre vom Lernen und teilen die Welt auf zwischen solchen, die wissen, und solchen, die nichts wissen, das heißt, solchen, die arbeiten (vgl. Jean Daubier, Histoire de la Revolution proletarienne du Chine, Paris 1970). Indem sie also die Schule als Instrument der sozialen Kontrolle weiterführen (vgl. dazu die Veröffentlichungen von Ivan Illich in CIDOC, Guernavaca/ Mexiko),[2] vergessen diese Erzieher leider eine sehr wichtige Feststellung von Marx, der in seiner dritten These über Feuerbach sagt: „Der Erzieher selbst bedarf der Erziehung." Der bourgeoise Mythos, den sie eingeführt haben, hindert sie daran, die Anregung von Marx in die Praxis umzusetzen. So kommt es, daß diese Gesellschaften genauso wie die bourgeoisen das politische Analphabetentum durch eine edukative Praxis vertiefen, die das Denken entdialektisiert hat.

Die „conscientização"

An dieser Stelle muß ich allerdings mögliche Mißverständnisse verhindern, mit denen ich während des ganzen Artikels zu kämpfen versuche: und zwar möchte ich auf die Rolle des Bewußtseins in der Praxis der Befreiung zu sprechen kommen. Ich möchte Klarheit darüber schaffen, daß ich von einem dialektischen Standpunkt aus die naive Spaltung zwischen Bewußtsein und Welt nicht vollziehen kann. Beide, Subjektivität und Objektivität, sind vielmehr derart ineinander verschlungen, daß man geradezu von einer „Inkarnation der Subjektivität in der Objektivität sprechen kann". Brechen wir diese Dialektik, dann verfallen wir in die Illusionen des Idealismus (Subjektivismus) oder in die Fehler des Objektivismus.

So muß das brasilianische Wort „conscientização", mit dem ich im allgemeinen jenen Prozeß bezeichne, durch den hindurch Menschen sich bereit machen dafür, in die weltverwandelnde Aktion einzutreten, kritisch und nicht idealistisch verstanden werden. Mit dem Prozeß der „conscientização" beabsichtigen wir keineswegs, dem Bewußtsein die Rolle der Welterschaffung zuzuschreiben, sondern wir wollen ihm vielmehr die Rolle zuschreiben, die „gegebene Welt" als die „gebende Welt" zu erkennen. So gesehen, bedeutet „conscientização" eine fortwährende

2 Vgl. dazu die Veröffentlichungen von Ivan Illich im Arbeitszusammenhang des Centro Intercultural de Documentation (CIDOC) in Guernavaca (Mexiko). Illichs Streitschrift, erstmalig 1972 in Deutschland veröffentlicht, liegt in einer Neuauflage vor: Ivan Illich, Entschulung der Gesellschaft, München 2003 (Anm. d. Hg.).

Entschlüsselung dessen, was im Menschen verborgen liegt, der ohne kritische Reflexion in der Welt handelt.

Ich weiß wohl, daß „conscientização“ als kritische Reflexion auf die Welt als Werdende, wie auch als die Aussage einer anderen Welt die weltverwandelnde Aktion nicht ersetzen kann, die die Ansage konkretisieren soll.

Ich weiß wohl, daß es nur durch eine solche Aktion wirklich möglich ist, die Welt zu schaffen, die in der Kritik angesagt wird.

Ich weiß wohl, daß die einfache Ablösung der naiven Wirklichkeitserfassung durch eine kritische zur Befreiung des Menschen nicht ausreicht.

Ich weiß wohl, daß der teleologische Charakter der „conscientização“ echte Praxis verlangt.

Aber ich weiß auch sehr wohl, daß bei der Enthüllung dessen, was in der „Hintergrundwahrnehmung“ des Bewußtseins verschwimmt, die „conscientização“ ein wichtiges Instrument zur verwandelnden Aktion der Menschen in der Wirklichkeit darstellt, die auf diese Weise nach und nach durch die Klärung jener verborgenen Dimensionen aufgedeckt wird (vgl. P. Freire, Cultural Action for Freedom).

Deshalb gründet sich „conscientização“ nicht auf „Bewusstsein“ hier und „Welt“ dort, und sie hat eine solche Separation auch nicht im Sinn. Sie begründet sich vielmehr auf der Korrelation als Gegenstand seiner kritischen Reflexion, dann wird er jene dunklen Dimensionen aufhellen, denen er bei seinem sich Einlassen auf die Welt begegnet. Darum erschöpft sich der Prozeß der „conscientização“ keineswegs in der Eröffnung der neuen Wirklichkeit, die mit der vorhergehenden Kritik angedeutet wurde. Vielmehr muß die neue Wirklichkeit zum Objekt neuer kritischer Reflexion gemacht werden. Die neue, sich entwickelnde Wirklichkeit für unberührbar zu halten, ist ebenso naiv und reaktionär, wie wenn man die Unantastbarkeit der alten Wirklichkeit behauptet. „Conscientização“ als kritische Einstellung des Menschen in der Geschichte kommt nie zu Ende. Wenn sich die Menschen als handelnde Wesen der in Gang gehaltenen Welt gegenüber angepaßt verhalten, dann werden sie in einer neuen

„Eintrübung“ untergehen. „Conscientização“, die in einem bestimmten Augenblick vorangetrieben wird, muß in den nächsten hinein fortgesetzt werden, in dem sich die verwandelte Wirklichkeit mit neuem Profil entfaltet.

So kann also, um es noch einmal zu sagen, der politische Alphabetisierungsprozeß – ebenso wie der sprachliche – Praxis zur Domestizierung ebenso wie zur Befreiung der Menschen sein. Dabei kommt es im ersten Fall jedenfalls nicht zur „conscientização“, während der letztere Vorgang schon in sich selbst „conscientização“ ist. So haben wir es im ersteren Fall mit einem entmenschlichenden Vorgang zu tun, im letzteren mit einer Bemühung um Vermenschlichung.

Paulo Freire kam 1970 als Berater (special consultant) in das neu eingerichtete Büro für Bildungsfragen zum Ökumenischen Rat der Kirchen in Genf. Zur Entwicklung eines neuen einheitlichen Ansatzes im Blick auf das Bildungsproblem führte der ÖRK 1970 in Bergen, Niederlande, eine internationale Konsultation mit 40 Fachleuten durch, an der auch Freire teilnahm. Nach der Konsultation entstand der Dokumentationsband „Bildung ganz", der sowohl Beiträge der Konsultation als auch weiterführende Texte umfasst. In einem kurzen Text reflektiert Freire grundlegende Aspekte der Frage von „Kirche und Bildung".

Paulo Freire

Zeugnis der Befreiung* (1970)

Wenn man die Frage von Kirche und Bildung grundsätzlich diskutieren will, heißt das zwangsläufig, das Verhältnis von Kirche und Welt zu diskutieren. Mir scheint, der erste und vielleicht der grundlegendste Gesichtspunkt, den jede Analyse dieses Problems zu betonen hat, ist die Unmöglichkeit einer Dichotomie von Kirche und Welt.

Das inkarnierte Wort ist kein leeres Wort irgendwo in der Luft, in einem Vakuum, sondern vielmehr ein Transformationsprozeß jetzt und hier. Die transzendentale Aufgabe der Kirche impliziert ihre Verwurzelung in der Geschichte: nur in der Geschichte kann die Kirche ihre transzendentale Aufgabe erfüllen. Die Gegenwart der Kirche in der Welt kann nur in ihrem Zeugnis von der Befreiung bestehen, das sich in einer bestimmten Haltung gegenüber der Welt ausdrückt: einer utopischen Haltung.

„Utopische" Haltung ist nicht Entfremdung von der Wirklichkeit oder bloße Rhetorik, sondern bedeutet vielmehr die ständige Verwertung enthumanisierender Strukturen und die Fürsprache für solche Strukturen, in denen der Mensch Mensch sein kann. Da man aber nicht außerhalb der wechselvollen Lebenspraxis die-

---

* Quelle: Bildung – Ganz! Hg. vom Büro für Bildungsfragen beim Ökumenischen Rat der Kirchen. Aus dem Englischen übersetzt von Werner Simpfendörfer. Deutsche Ausgabe besorgt von Ernst Lange. © Kreuz Verlag, Stuttgart 1971, S. 78, 80, 82, 84.

ser Welt verwerfen oder verkündigen kann, impliziert utopische Haltung ein Engagement in der Geschichte – ein In-Pflicht-genommen-Sein für die, denen keine echte Chance gegeben ist, in Freiheit zu sprechen und zu leben. In diesem Sinn des Wortes utopisch sein heißt, ein Prophet sein – ein Agent der Hoffnung. Den Sinn für die Utopie verlieren heißt, sich in bürokratischer Verhärtung verlieren und in einer Einstellung, die die Dinge sich selbst überläßt, um zu sehen, wie sie sich von selbst entwickeln. Damit flieht man in ein Gehäuse magischer Formeln, in ein Religiös-Sein, das sich selbst befriedigt, in Blindheit gegenüber den Unterdrückten.

Wir müssen dem widerstehen, daß das Zeugnis der Befreiung, das die Kirche sich selbst als einer (missionarischen) Präsenz in der Welt schuldet, mit der Unterstützung sogenannter katholischer oder protestantischer Schulen verwechselt wird, die gerade von denen bevölkert sind, die nicht nach Frieden und Freiheit hungern, sondern in Wahrheit die privilegierten Klassen vertreten. Wir müssen herausstellen, daß die Bildungsaufgabe der Kirche in ihrem Zeugnis für die Befreiung, für die Zuversicht und für die Liebe erscheint und nicht in Statistiken, die ausweisen, daß eine bestimmte Kirche 20 oder 200 Schulen in der Welt unterhält. Das Bildungszeugnis der Kirche lebt in ihrer utopischen Verkündigung. Leider aber gibt es diese quälende Verwechslung: Statt ein Zeugnis der Utopie zu sein und zu geben, neigen wir dazu, uns selbstzufrieden einzurichten und anzupassen. Wir neigen dazu, die Verhältnisse zu versüßen und zu verharmlosen, statt daß wir uns mutig in geschichtlichen Prozessen engagieren, die uns zum Zeugnis für die Notwendigkeit provozieren, jede Wirklichkeit zu verändern, in der der Mensch nicht Mensch sein kann.

Utopisch sein heißt aber gleichwohl nicht naiv sein. Die utopische Aufgabe der Ansage und der Anwaltschaft kann nie von denen wahrgenommen werden, die herrschen oder zu den herrschenden Klassen gehören. Es sind nur die Ungeliebten, es sind nur die Unterdrückten, die utopisch existieren können. Die, die herrschen, die, die nicht lieben, die, die ausbeuten, können eben deswegen nicht utopisch sein, weil sie keine Zukunft haben. Worin besteht die Zukunft des Unterdrückers? Nur in der Verlängerung der Gegenwart. Die Vision des Unterdrückers kann nicht utopisch und darum auch nicht prophetisch sein. Der Unterdrücker hat keine Hoffnung. Darum ist der, der herrscht, immer reaktionär.

Mir scheint, die Aufgabe der Kirche, ihre Berufung kann nie anders als utopisch sein, kann nie aufhören, utopisch zu sein. Sollte die Kirche jemals ihre utopische Aufgabe, ihren prophetischen Protest vergessen, dann bleibt ihr nur übrig, die Unterdrückten zu verraten. Denen, die behaupten, die Kirche hätte ja immer noch die Aufgabe, den Unterdrückten eine Zuflucht zu sein, würde ich antworten: Die Verhältnisse in den Ländern in der Dritten Welt, ja die Verhältnisse in der Welt überhaupt, verbessern sich nicht von selbst, sie müssen aktiv verändert werden. Natürlich erwartet man von der Kirche immer noch, daß sie diese schreckliche Aufgabe erfüllt, eine Zuflucht für Unterdrückte zu sein. Aber wenn sie sich weiterhin damit begnügt, dann wird sie ihre Präsenz in der Welt überhaupt verloren haben. Ihre Zukunft liegt entscheidend in der Weigerung, die bloße, folgenlose Zuflucht der Unterdrückten zu sein. Sie sollte vielmehr Befreiung bewirken. Sie sollte ein Zeugnis der wahren Liebe sein. Es ist Zeit zu handeln.

Anders gesagt: die Freiheit ansagen und sich bescheiden mit der Funktion einer „Zuflucht" der Unterdrückten – das schließt sich gegenseitig aus.

Folglich würde ich das Gewicht des Bildungseinsatzes einer Kirche nicht einfach an den Zahlen der religiösen Schulen messen, die diese Kirche unterstützt oder unterhält. Mein Kriterium für die Bildungsarbeit der Kirche besteht in der Einsicht, daß kirchliche Bildungsarbeit nie neutral sein kann, weil es so etwas wie „neutrale" Bildung nicht gibt, Bildung dient entweder der Befreiung, oder sie verhindert Befreiung und begünstigt Unterdrückung. Ich würde das Bildungszeugnis einer Kirche im Licht der Frage beurteilen, ob es den Mut der Liebe ausdrückt, den Mut zur Suche nach Befreiungsmöglichkeiten für Menschen. Und das impliziert notwendig die Veränderung der Unterdrückungsstrukturen in jeder gegebenen Situation.

In diesem Aufsatz, der im zeitlichen und inhaltlichen Kontext zur „Pädagogik der Unterdrückung", die 1968 auf portugiesisch publiziert wurde, enstanden ist und 1970 in der vorliegenden Fassung autorisiert wurde, setzt sich Paulo Freire mit den Praktiken einer antidialogischen Theorie und Praxis auseinander, die der Pädagogik der Befreiung zuwiderlaufen. Die kulturelle Invasion stellt dabei einen Akt des Eindringes dar, sie manipuliert die entmächtigten Subjekte und entleert die überfallene Kultur ihrer besonderen Ausdrucksformen. Schweigen, eine Teilnahms- und Mitleidslosigkeit sowie der Verzicht, sich zu organisieren, werden dabei als Folgen einer mit den Mitteln der domestizierenden Erziehung stabilisierten vertikalen Struktur am Beispiel zwischen Großgrundbesitzer und Landarbeiter in Südamerika erläutert.

Paulo Freire

„Extension" und kulturelle Invasion* (1970)

Der Analyse, die wir in diesem Kapitel unserer Untersuchung anstellen wollen, müssen einige Überlegungen vorausgeschickt werden. Es handelt sich um Überlegungen über ein zugegebenermaßen umfassendes Thema, das wir summarisch so weit darstellen wollen, daß die darauf folgenden Grundaussagen genügend erhellt werden. Es sind Überlegungen über die Antidialogizität als Quelle einer Theorie des Handelns, die antagonistisch derjenigen Theorie des Handelns gegenübersteht, die auf Dialogizität aufbaut.[1]

Es sei zunächst festgestellt, daß nur der Mensch als ein Wesen, das arbeitet, das Sprache und Denkvermögen besitzt, das handelt und in der Lage ist, über sich selbst und sein von ihm losgelöstes

* Quelle: Paulo Freire, Pädagogik der Solidarität. Für eine Entwicklungshilfe im Dialog. Wuppertal: Peter Hammer Verlag 1974, S. 39-55 (mit den Anmerkungen zum abgedruckten Text). Übersetzung aus dem Spanischen von Karin Schreiner. Original: Extensâo ou Comunicaçâo, Rio de Janeiro: Editôra Paz e Terra S.A., 1970.

1 Siehe hierzu Paulo Freire, Pädagogik der Unterdrückten, wo dieses Problem ausführlich behandelt wird.

Handeln zu reflektieren, daß nur er, der diese Ebenen erreichte, sich zu einem Wesen der Praxis erheben konnte. Bis heute ist nur der Mensch ein Wesen, das in einer Welt voller Beziehungen selbst Beziehungen besitzt.[2]

Seine Gegenwart in einer solchen Welt, die ein *Dasein mit* ist, bedeutet, sich ständig mit dieser Welt auseinanderzusetzen. Indem er sich von seiner Umwelt löste, wurde er nicht zu einem Wesen der Anpassung, sondern zu einem Wesen, das seine Umwelt verändert, zu einem Wesen der Entscheidung[3].

Indem er sich von der Umwelt löst, kann er sich jedoch nur in Beziehung zu ihr als ein solches Wesen behaupten. Er ist Mensch, weil er sich in einem *Seinsprozeß* in und mit der Welt befindet. Dieser *Seinsprozeß,* der seine ständige Beziehung zu der Welt umfaßt, umfaßt auch sein Einwirken auf diese Welt. Dieses Einwirken auf die Welt, die nicht nur aus Natur besteht, weil sie als Welt des Menschen auch Kultur und Geschichte ist, wird wiederum durch seine eigenen Resultate bedingt.

So manifestieren sich diese Beziehungen des Menschen oder der Menschen zu der Welt, ihr Einwirken, ihre Wahrnehmung, auch auf verschiedenen Ebenen.

Auf welcher Ebene dieses Einwirken des Menschen auf die Welt sich auch vollzieht, stets liegt ihm eine Theorie zugrunde. Das auch für die von der Magie bestimmten Formen des Handelns.[4]

---

2 Der Mensch als Wesen der Beziehungen und das Tier als Wesen der Kontakte; siehe zu den Konnotationen dieser beiden Begriffe: Paulo Freire, Erziehung als Praxis der Freiheit.

3 DerBegriff„decisão“(Entscheidung)kommtvon„decidir“(entscheiden), das seinerseits seinen Ursprung im hat. decidere = schneiden hat. Im Text bedeutet der Begriff entsprechend seiner Etymologie den Schnitt, den der Mensch damit vollzieht, daß er sich von der Welt der Natur löst, wenngleich er weiterhin in der Welt bleibt.

4 “The magic art is directed towards the attainment of practical ends; pike any other art or craft it is also governed by theory, and by a system of principles which dictate the manner in which the act has to be performed in order to be effective. Thus, magic and science show a number of similarities and with Sir James Frazer, we can appropriately call magic a pseudo science.” Bronislaw Malinowski, Magic, Science and Religion, New York: Anchor Books, 1967, S. 140.

Aus diesem Grunde müssen wir uns über unser Handeln, das, sei es uns bewußt oder nicht, eine Theorie impliziert, voll und ganz im klaren sein. Wir müssen im Umfeld unserer Tätigkeit zu ihrem „logos“ vordringen, statt im Bereich der einfachen „doxa“ zu bleiben. Darin liegt eine spezifische Aufgabe der philosophischen Reflexion.[5] Diese Reflexion muß unser Handeln zum Gegenstand haben und seine Ziele, Mittel und Wirkung aufdecken.

Dabei enthüllt sich uns als Theorie unseres Handelns, was uns vorher vielleicht noch nicht als solche erschienen war. Und wenn Theorie und Praxis nicht voneinander zu trennen sind, ergibt die Reflexion über unser Handeln die Theorie, ohne die die Aktion (oder die Praxis) nicht echt ist.

Die Praxis erhält ihrerseits dadurch eine neue Bedeutung, daß sie im Licht einer Theorie erscheint, über die das handelnde Subjekt sich klar wird. Wir wollen in diesem Kapitel darlegen, daß die in dem Akt des „Extendierens“, in der „Extension“ einbezogene. Theorie antidialogisch und als solche mit wahrhafter Bildung unvereinbar ist.[6]

Der antidialogische Charakter des Begriffes „Extension“ ist unschwer abzuleiten aus den Analysen, die wir im ersten Teil dieser Arbeit bei der semantischen Untersuchung und der Diskussion des darin enthaltenen erkenntnistheoretischen Irrtums entwickelt haben. Die Antidialogizität und die Dialogizität äußern sich in widersprüchlichen Formen des Handelns, die ihrerseits miteinander unvereinbare Theorien implizieren. Diese verschiedenen Formen des Handelns treffen in der Interaktion aufeinander; die einen im antidialogischen, die anderen im dialogischen Tun. Was das antidialogische Tun auszeichnet, kann also nicht Teil des dialogischen Tuns sein und umgekehrt. Wir werden uns mit einem

5 Die Philosophie der Wissenschaft ist ebenso wie die der Technik kein Zeitvertreib derer, die nicht handeln; sie ist auch kein Zeitverlust, wie es den Technizisten scheinen mag – jedoch nicht den Technikern.

6 Dies bedeutet nicht, daß der „Extensionist“ genannte Agronom notwendigerweise nicht dialogisch ist. Es bedeutet nur, daß er, falls und wenn er es ist, keine Extension betreibt, und, falls er sie betreibt, nicht dialogisch ist.

der vielen Charakteristika der antidialogischen Theorie des Handelns beschäftigen, nämlich mit der kulturellen Invasion.

Jede Invasion setzt natürlich ein Subjekt voraus, das eindringt. Sein historisch-kultureller Bereich, der ihm sein Weltbild vermittelt, ist der Bereich, von dem aus das Subjekt in einen anderen historisch-kulturellen Bereich eindringt und den darin lebenden Menschen sein Wertsystem aufdrängt. Der Eroberer macht die Angehörigen des überfallenen Bereiches zu bloßen Objekten seines Handelns. Die Beziehungen zwischen Eindringling und Überfallenen sind autoritärer[7] und widersprüchlicher Natur. Der eine handelt, und die anderen haben die Illusion, im Handeln des ersten selbst zu handeln; der eine sagt das Wort[8], die anderen, denen verboten wurde, ihr Wort zu sagen, lauschen dem Wort des ersten. Der Eindringling denkt bestenfalls über die Überfallenen nach, niemals jedoch denkt er mit ihnen; sie werden von jenem „bedacht". Der Eroberer schreibt vor, die Überfallenen erdulden die Vorschriften.

Damit die kulturelle Invasion effektiv ist und damit der Eindringling seine Ziele erreicht, muß diese Aktion durch andere Aktionen unterstützt werden, die unterschiedliche Dimensionen der antidialogischen Theorie darstellen. So setzt jede kulturelle Invasion die Eroberung, Manipulation und einen Messianismus seitens des Eindringlings voraus. Da die kulturelle Invasion für sich bereits ein Eroberungsakt ist, sind weitere Eroberungen notwendig, damit sich die Invasion behaupten kann.

Die Propaganda, Schlagworte, „deponierte" Inhalte, Mythen sind die Instrumente, deren sich der Eindringling zur Erreichung seiner Ziele bedient: den Überfallenen einzureden, daß sie Objekte seines Handelns und die fügsame Beute seiner Eroberung

7 Autoritarismus ist nicht gezwungenermaßen an physische Repressionen gebunden. Er zeigt sich auch in Handlungen, die sich auf das „Argument der Autorität" beziehen: „Das ist nun einmal so, die Technik hat das bereits gezeigt, hier soll nicht widersprochen werden, hier soll angewandt werden."

8 Zu dem Akt, „sein Wort zu sagen" und zu der Bedeutung dieses Aktes siehe Paulo Freire, A alfabetização de adultos – crítica de sua visão ingênua, compreensão de sua visão crítica, sowie Ernâni Maria Fiori, Aprender a dizer sua palavra – O método de alfabetização de Prof. Paulo Freire, Santiago 1968.

sein müssen. Deswegen besteht für den Eroberer die Notwendigkeit, der überfallenen Kultur ihren Charakter zu nehmen, ihr Profil zu zerstören, sie sogar mit Subprodukten der überfallenden Kultur vollzupumpen.

Ein weiteres fundamentales Charakteristikum der antidialogischen Theorie des Handelns besteht darin, die Angehörigen des überfallenen Kulturbereiches zu manipulieren[9], niemals jedoch sie zu organisieren.

Die Manipulation, als Form des Dirigismus, die sich den emotionalen Bereich der Menschen zunutze macht, schafft in ihnen jene Illusion, selbst oder durch das Handeln der sie Manipulierenden zu handeln, von der wir bereits sprachen. Die Manipulation stimuliert die Vermassung[9a] und steht damit in direktem Widerspruch zu der Bestätigung des Menschen als Subjekt, das er nur in dem Maße ist, als er sich für die wirklichkeitsverändernde Aktion engagiert, und damit seine Wahl und seine Entscheidung trifft.

Tatsächlich sind Manipulation und Eroberung Ausdrucksformen kulturellen Invasion und gleichzeitig Instrumente zu ih-

---

9 Die Manipulation stellt sich als eine typische, wenn auch nicht ausschließliche Form in den Gesellschaften ein, die sich im Prozeß des historischen Übergangs von einer geschlossenen zu einer sich öffnenden Gesellschaft befinden, in dem die aufkommenden Volksmassen eine Rolle zu spielen beginnen. Während sie sich in der diesem Prozeß vorausgegangenen Phase noch „unterhalb“ der Gesellschaft befanden, nehmen sie mit ihrem Hervortreten im Übergang auch eine grundlegend andere Haltung an: statt wie vordem bloße Zuschauer zu sein, fordern sie jetzt Mitbestimmung und Beteiligung. Diese Umstände bedingen das Phänomen des Populismus, der sich als Antwort auf das Hervortreten der Massen konstituiert. Als Vermittler zwischen den Massen und den herrschenden, reichen Eliten verschreibt sich die populistische Führung der Manipulation.

9a Wir verstehen unter Vermassung nicht den (in der obigen Anmerkung bezeichneten) Prozeß des Hervortretens der Massen, als dessen Ergebnis die Massen auf der Suche nach Bestätigung und historischer Beteiligung (Massengesellschaft) gegenwärtig sind, sondern den Zustand des Menschen, der, selbst wenn er Gegenteiliges denkt, nicht anders entscheidet. Vermassung ist Enthumanisierung, Entfremdung. Das Irrationale und das Mythische sind immer in ihrer Nähe.

rer Aufrechterhaltung; keine Wege zur Befreiung also, sondern Wege zur Domestizierung.

Für den wahren Humanismus gibt es, sofern er dem konkreten Menschen dient, nichts, in dessen Namen er dies gutheißen könnte. Deshalb kann dieser Humanismus keinen anderen Weg als den des Dialogs gehen. Echter Humanismus kann nur dialogisch sein.

Dialogisch zu sein bedeutet für den wahren Humanismus nicht, sich unverbindlich dialogisch zu nennen; es bedeutet, den Dialog zu leben. Dialogisch sein heißt: nicht überfallen, nicht manipulieren, keine Schlagworte benutzen. Dialogisch sein heißt, sich für eine permanente Veränderung der Wirklichkeit zu engagieren. Dies ist der Grund, daß der Dialog als Inhalt der der menschlichen Existenz entsprechenden Daseinsform aus jeglicher Beziehung ausgeschlossen ist, in der einige Menschen zu „Wesen für andere“ gemacht werden durch Menschen, die falsche „Wesen für sich selbst“ sind. Denn in einem antagonistischen Verhältnis kann kein Dialog stattfinden.

Im Dialog begegnen sich voller Liebe die Menschen, die die Welt durch die sie vermittelt sind, „aussprechen“, d.h. sie verändern und in der Veränderung sie für alle humanisieren.

Diese Begegnung in der Liebe kann deshalb keine Begegnung zwischen Unversöhnlichen sein. Es gibt keine dialogische kulturelle Invasion und wird es nie geben; es gibt weder eine dialogische Manipulation noch eine dialogische Eroberung[10]: dies sind Begriffe, die einander ausschließen. Selbst wenn wir nur zugeben, daß nicht alle als Extensionisten bezeichneten Agronomen kulturelle Invasion betreiben, können wir doch nicht umhin, den im Begriff Extension deutlich enthaltenen Bezug zur kulturellen Invasion zu erkennen. Wir stellen mit Nachdruck fest, daß dies keine spitzfindige Diskussion ist.

Sobald Sozialarbeiter ihre Tätigkeit als „Fürsorge“ bezeichnen und sie trotzdem als Bildungsarbeit betrachten, wird nämlich

10 Conquista (Eroberung) – weibliche Form des Partizips des veralteten Verbs conquerir = conquistar (erobern). Lateinisch: conquirer = überall suchen. Es besteht kein Anlaß, die Menschen überall zu suchen, im Gegenteil, man muß mit ihnen sein. Die im Dialog implizierte Eroberung ist die Eroberung der Welt für das „Mehr-Sein“ aller Menschen.

ein Irrtum mit den schlimmsten Konsequenzen begangen, es sei denn, sie hätten sich für die Domestizierung der Menschen entschieden, womit sie sich selbst getreu wären und kein Mißverständnis aufkäme.

Ebensowenig kann kein Gelehrter, solange er die gesamte Objektivität auf den Menschen und dessen Bewußtsein[11], einschließlich der Existenz der übrigen Menschen, reduziert, von der Dialektik Subjektivität/Objektivität sprechen. Er kann nicht die Existenz einer konkreten, objektiven Welt zugeben, zu der der Mensch in ständiger Beziehung steht.

Solange zum Beispiel ein Sozialfürsorger sich als *„den* Agenten der Veränderung“ versteht, wird er schwerlich zu der Einsicht gelangen, daß, wenn seine Arbeit wirklich befreiende Bildungsarbeit ist, die Menschen, mit denen er arbeitet, nicht Objekte seines Handelns sein können. Im Gegenteil, sie sind im gleichen Maße Agenten der Veränderung wie er.[12] Wenn das nicht der Fall ist, wenn er in Übereinstimmung mit seiner Aussage handelt, wird er nichts anderes tun als zu führen, zu manipulieren und zu domestizieren. Und wenn er erkennt, daß die anderen wie er selbst ebenso Agenten der Veränderung sind, dann ist er nicht mehr *der* Agent, und der Satz verliert seinen Aussagewert.

In diesem Dilemma befindet sich der Agronom, der in der Extension arbeitet, und er muß es deutlich und kritisch erkennen. Wenn er seine Fachkenntnisse, seine Techniken zu etwas Statischem, Materialisiertem macht, sie mechanisch an die Landarbeiter weiterreicht und damit eindeutig in ihre Kultur, in ihr Weltbild einbricht, akzeptiert er den Begriff Extension und leugnet den Menschen als ein der Entscheidung fähiges Wesen. Wenn er dagegen den Menschen durch eine dialogische Arbeit bestätigt, wenn er weder Invasion, noch Manipulation, noch Eroberung betreibt, dann negiert er auch das Konzept der Extension.

Ein Argument, das wir nicht außer acht lassen dürfen, wurde uns häufig bei Arbeitstagungen mit Agronomen-Extensionisten

11 Idealistische Theorie des Subjektivismus, bekannt als Solipsismus. Lat.: solo = einzig, ipse = selbst.

12 Siehe hierzu Paulo Freire, 0 papel do trabalhador social no processo da mudança.

entgegengehalten. Dieses Argument wurde uns wie etwas Unwiderlegbares präsentiert, um die Notwendigkeit des antidialogischen Handelns des Agronomen gegenüber den Landarbeitern zu erklären. Es ist demnach ein Argument zur Verteidigung der kulturellen Invasion.

Es geht um die Frage der Zeit, oder, wie die Techniker sich auszudrücken pflegen, um den „Zeitverlust“.

Für einen großen Teil, wenn nicht gar für die Mehrheit der Agronomen, die an Seminaren über das hier untersuchte Thema teilgenommen haben, ist die „Dialogizität kein gangbarer Weg“. „Sie ist es insofern nicht, als sie mit sehr viel Zeitaufwand nur langsam zweifelhafte Resultate zeitigt.“ „Diese Verzögerung“, sagen andere, „verträgt sich trotz der möglichen Resultate nicht mit der für das Land dringend erforderlichen Stimulierung der Produktivität.“

„Somit ist dieser Zeitverlust nicht gerechtfertigt“, wird nachdrücklich betont.

„Wir ziehen den Antidialog dem Dialog vor, denn das ist nun einmal der schnellere Weg.“

Es gibt auch jene, die der Zeitdruck veranlaßt, offen zu erklären, daß „technische Kenntnisse bei den Landarbeitern ‚deponiert‘ werden müssen, da sie ja so viel schneller in der Lage sind, ihr empirisches Verhalten durch geeignete Techniken zu ersetzen.“

Andere erklären: „Wir stehen einem dringenden Problem gegenüber, nämlich der Produktionssteigerung. Wie können wir soviel Zeit damit verlieren, unser Handeln den kulturellen Bedingungen der Landarbeiter anpassen zu wollen? Wie können wir soviel Zeit im Dialog mit ihnen verlieren?“

Andere wiederum beurteilen die Frage so: „Da ist ein noch wichtigerer Punkt: Wie kann man einen Dialog über technische Dinge führen? Wie kann man mit den Landarbeitern einen Dialog über eine Technik führen, die sie nicht kennen?“

„Der Dialog wäre möglich, wenn es um Dinge ihres Alltags ginge, aber nicht um Techniken.“

Bei diesen so geäußerten Bedenken, diesen Fragen, die eigentlich immer kategorische Feststellungen sind, handelt es sich zweifellos um die Verteidigung der kulturellen Invasion als einzig mögliche Lösung für den Agronomen, zumindest nach Ansicht derer, die sich so äußern.

Wir halten es für interessant und wichtig, uns mit der Analyse dieser Behauptungen zu befassen, die fast immer in Form von Fragen zum Ausdruck gebracht werden. Bei einer ersten Betrachtung erkennt man unschwer, daß sie den im Begriff Extension implizierten erkenntnistheoretischen Irrtum reflektieren, den wir im ersten Teil dieser Untersuchung behandelten. Sie enthüllen zweifellos eine falsche Auffassung des *Wie* der Erkenntnis, die das Resultat des Deponierens von Inhalten in „leeres Bewußtsein“ zu sein scheint.[13] Je aktiver der Deponent und je passiver und geduldiger der Rezeptor des deponierten Inhaltes sei, desto mehr Erkenntnis gäbe es. Es gehört weiter zu diesem Irrtum, daß solche Behauptungen in Unkenntnis des historisch-soziologischen Bedingtseins der Erkenntnis (wir haben mehrfach darauf hingewiesen) aufgestellt werden.

Wer solche Behauptungen äußert, vergißt, daß die ländlichen Bewohner fast immer bestimmte grundlegende Elemente ihrer Daseinsform bewahren, selbst dann, wenn der Einfluß der Stadt sie über das Radio und über den einfachsten Verbindungsweg, nämlich die Distanz verringernden Straßen, erreicht. Diese Daseinsformen unterscheiden sich von urbanen Formen sogar in der Art und Weise zu gehen, sich zu kleiden, zu sprechen und zu essen. Das bedeutet nicht, daß sie sich nicht ändern könnten. Es bedeutet nur, daß eine solche Veränderung nicht mechanisch geschieht. Solche Behauptungen bringen unserer Meinung außerdem einen unleugbaren Mangel an Glauben in den einfachen Mann zum Ausdruck. Sie unterschätzen seine Reflexionsfähigkeit und seine Fähigkeit, die wahre Funktion des nach Erkenntnis Suchenden wahrzunehmen, nämlich das Subjekt dieser Suche zu sein. Daher erklärt sich, daß man ihn lieber zum Objekt der „Erkenntnis“ macht, die ihm aufgezwungen wird. Daher erklärt sich jener Eifer, ihn zu einem geduldigen und fügsamen Empfänger

13 Nicht nur zu diesem Aspekt, allgemein zum Thema dieses Kapitels siehe Paulo Freire, Pädagogik der Unterdrückten, a.a.O.

der in ihn hineingefüllten „Mitteilungen“ zu machen, wogegen der Akt des Erkennens, des Lernens eine ungeduldige, unruhige, nicht fügsame Haltung vom Menschen fordert; eine Suche, die, um echt zu sein, sich nicht mit der statischen Haltung dessen vertragen kann, der sich einfach als Verwahrer des Wissens verhält.

Dieser mangelnde Glauben in den einfachen Mann macht einen weiteren Irrtum deutlich: die Verabsolutierung seiner Unwissenheit. Damit die einfachen Menschen für absolut unwissend gehalten werden können, muß es jemand geben, der sie dafür hält. Diese, die Subjekte dieser Definition, stufen sich selbst notwendigerweise als Wissende ein. Indem sie die Unwissenheit der anderen verabsolutieren, relativieren sie bestenfalls ihre eigene Unwissenheit. Sie tun damit das, was wir „Entfremdung der Unwissenheit“ nennen, wonach die Unwissenheit immer beim anderen liegt, niemals bei dem, der sie anderen zuschreibt.

In Wirklichkeit brauchten wir jedoch nur zu erkennen, daß der Mensch ständig in Beziehung zur Welt steht, die er durch seine Arbeit verändert, um ihn als ein der Erkenntnis fähiges Wesen zu begreifen, auch wenn er Erkenntnis auf verschiedenen Ebenen erlangt: auf den Ebenen der doxa, der Magie und des logos, der das wahre Wissen ist. Trotz alledem und vielleicht gerade deshalb gibt es weder absolute Unwissenheit noch absolutes Wissen. Niemand weiß alles, ebensowenig wie niemand nichts weiß. Wissen beginnt mit dem Bewußtsein, wenig zu wissen. Mit dem Wissen, wenig zu wissen, bereitet man sich darauf vor, mehr zu wissen. Hätten wir ein absolutes Wissen, könnten wir nichts mehr hinzulernen, denn dieses Wissen wäre ein solches, das sich nicht in einem Prozeß des Seins befände. Wer alles wüßte, könnte nichts mehr lernen, denn er würde nicht forschend suchen. Der Mensch als historisches Wesen, integriert in eine ständige Suche, erwirbt sein Wissen ständig aufs neue.

Deshalb entsteht jedes neue Wissen aus einem älteren Wissen, das vorher aus ebenfalls älterem Wissen entstanden war und sich als neues Wissen herauskristallisiert hatte. Es gibt also eine ständige Folge von Wissen, und zwar dergestalt, daß jedes sich neu bildende Wissen bereits auf jenes hinweist, das an seine Stelle treten wird.

Und was ist zu der Behauptung zu sagen, der Dialog sei vor allem deshalb kein gangbarer Weg, weil er Zeitverlust bedeute?

Welche empirischen Fakten fundamentieren diese so kategorische Behauptung, der zu entnehmen ist, daß ihre Befürworter sich für die Aufnötigung ihrer Techniken entscheiden?

Gehen wir der Logik zuliebe davon aus, daß alle, die dies behaupten, bereits versucht haben, dialogische Erfahrungen mit den Landarbeitern zu sammeln. Wir gehen weiter davon aus, daß diese Erfahrungen nach den einem wahren Dialog zugrunde liegenden Prinzipien gemacht wurden; daß die angestrebte Gruppendynamik sich nicht an dirigistischen Techniken orientierte und daß trotz alledem der Dialog schwierig und die Beteiligung gleich Null oder fast gleich Null waren.

Können wir, ausgehend von diesen Feststellungen (selbst wenn diese Hypothesen mit der Wirklichkeit übereinstimmten), in simplifizierender und naiver Weise behaupten, der Dialog sei kein gangbarer Weg, und auf dem Dialog zu bestehen, sei Zeitverlust?

Haben wir nach den mutmaßlichen Gründen, die die Landarbeiter unserer dialogischen Intention gegenüber zum Schweigen und zur Apathie veranlaßten gefragt sie in Erfahrung zu bringen gesucht? Wo sind diese Gründe sonst zu finden, wenn nicht in dem historischen, soziologischen und kulturellen Kontext, der sie bedingt?

Wenn wir noch einmal um des logischen Denkens willen von den gleichen Hypothesen ausgehen, werden wir nicht sagen, daß die Landarbeiter den Dialog ablehnen, weil sie ihm von Natur aus abgeneigt sind. Es gibt Gründe historisch-soziologischer, kultureller und struktureller Art, die erklären, warum sie den Dialog ablehnen. Sie haben ihre existentielle Erfahrung im Bereich des Antidialogs gemacht. Der Großgrundbesitz ist in sich als vertikale und geschlossene Struktur antidialogisch. Da der Großgrundbesitz eine geschlossene Struktur ist und die vertikale auf soziale Mobilität verhindert, impliziert er eine Hierarchie sozialer Schichten, deren „unterste“ im allgemeinen als von Natur aus minderwertig betrachtet werden. Um als solche betrachtet zu werden, muß es andere geben, die sie so einstufen und die gleichzeitig sich selbst als überlegen betrachten. Die koloniale Struktur des Großgrundbesitzes erlaubt es dem Grundbesitzer, durch seine Macht und sein Prestige seinen Besitz auch auf Menschen auszudehnen.

Dieser Besitz an Menschen, die fast verdinglicht werden, findet Ausdruck in einer unendlichen Reihe von Beschränkungen, mit denen das freie Betätigungsfeld dieser Menschen eingegrenzt wird.

Selbst wenn aufgrund des humaneren Charakters des einen oder anderen Grundbesitzers affektive Beziehungen zwischen diesem und seinen Tagelöhnern entstehen, beseitigen sie doch nicht die soziale Distanz zwischen ihnen. Die affektive Annäherung zwischen Personen von verschiedenem sozialen Status verringert nicht die durch den Status auferlegte oder implizierte Distanz.

In einer solchen affektiven Annäherung darf nicht nur das Humane gesehen werden, sondern auch die Struktur, in der sich der Betreffende befindet und die ihn bedingt. Aus diesem Grunde wird es, solange es die Struktur gibt, die sehr großen Grundbesitz in einer Hand vereinigt, nicht möglich sein, an die Stelle der humanen Züge einiger den wahrhaften Humanismus aller zu setzen.

In dieser Art von starren vertikalen strukturellen Beziehungen ist kein Platz für den Dialog. In diesen starren vertikalen Beziehungen bildet sich historisch das Bewußtsein der Landarbeiter als ein unterdrücktes Bewußtsein heraus. Sie haben keine dialogische Erfahrung, keine Erfahrung der Beteiligung, sie sind größtenteils ihrer selbst unsicher, haben kein Recht, ihr Wort zu sagen und nur die Pflicht, zu hören und zu gehorchen. Es ist nur natürlich, daß die Landarbeiter fast immer, wenn auch nicht immer, denen, die in den Dialog mit ihnen eintreten wollen, Mißtrauen entgegenbringen. Im Grunde zeugt diese Haltung auch von Mißtrauen ihnen selbst gegenüber. Sie sind sich ihrer eigenen Fähigkeit nicht sicher. Sie verinnerlichen den Mythos ihrer absoluten Unwissenheit. Es ist nur natürlich, daß sie es vorziehen, keinen Dialog zu führen, daß sie nach fünfzehn oder zwanzig Minuten reger Teilnahme unerwarteterweise zum Lehrer sagen: „Verzeihen Sie, wir, die wir nichts wissen, sollten lieber still sein und Ihnen zuhören, denn Sie wissen es ja viel besser.“[14]

Jene, die den Dialog für unmöglich halten, werden angesichts dieser Überlegungen wahrscheinlich sagen, daß gerade sie ihre Thesen nur noch bekräftigen. In Wirklichkeit ist das aber nicht der Fall. Denn was diese Überlegungen klarmachen, ist, daß die Schwierigkeit der Landarbeiter, einen Dialog zu führen, nicht ihren Grund in ihnen selbst als Landarbeiter hat, sondern in der geschlossenen und unterdrückerischen Sozialstruktur. Wichtiger wäre es, nach einer Möglichkeit für den Dialog zu suchen, solange die „Großgrundbesitz-Struktur“ unverändert bleibt, enthält doch gerade sie eine Erklärung für das Schweigen der Landarbeiter; ein Schweigen, das auf diese oder jene Weise in Agrarreformgebieten zu verschwinden beginnt, so wie dort, wohin der Einfluß dieser Gebiete dringt, wie wir es am Beispiel Chile beobachten.

Wie dem auch sei, ob mehr oder weniger Schwierigkeiten auftauchen, das Schweigen des Landarbeiters werden wir jedenfalls nicht mit dem Antidialog, sondern nur mit dem Dialog brechen können, der sein Schweigen und dessen Ursachen problematisiert. Die Arbeit des Agronomen erschöpft sich nicht und darf sich nicht im Bereich der Technik erschöpfen, denn diese existiert nicht ohne den Menschen und die Menschen existieren nicht außerhalb der Geschichte, außerhalb der Wirklichkeit, die sie verändern müssen.

Die strukturbedingten Schwierigkeiten, denen die dialogische Tätigkeit in größerem oder kleinerem Maße begegnet, rechtfertigen nicht den Antidialog, der als Konsequenz die kulturelle Invasion bedingen würde. Welche Schwierigkeiten auch auftauchen, wer auf seiten der Menschen, auf seiten ihrer Sache und ihrer Befreiung steht, kann nicht antidialogisch sein.[15]

---

14 Álvaro Manriquez – vom Instituto do Desenvolvimento Agropecuário INDAP, in einem seiner Berichte über die sozial-psychologische Methode bei chilenischen Landarbeitern.

15 Zu der dialogischen Arbeit in noch nicht veränderten Strukturen siehe Paulo Freire, a) O papel do trabalhador social no processo da mudança, b) O compromisso do profissional com a sociedade. Außerdem auch

Diese Schwierigkeiten, deren Gründe (oder zumindest einige) wir summarisch analysiert haben, lassen die Agronomen – und nicht nur sie – von der verlorenen Zeit oder dem Zeitverlust durch den Dialog sprechen; von einem Zeitverlust, der die Durchführung eines für die Nation fundamentalen Programms zur Produktionssteigerung behindern würde.

Es wäre zweifellos einfältig, sich nicht um Produktionssteigerung zu bemühen. Was wir aber nicht vergessen dürfen – diese Einsicht sei uns erlaubt –: die Agrarproduktion findet nicht in einem luftleeren Raum statt. Sie ist das Resultat der Beziehungen Mensch-Natur (die sich in den Beziehungen Mensch/historischkultureller Bereich fortsetzen), von deren Bedingtsein wir in dieser Untersuchung bereits mehrfach sprachen. Wenn die Agrarproduktion[16] nur zum dinglichen Bereich gehörte und nicht zu dem Bereich, der bestimmt wird durch die Konfrontation des Menschen mit der Welt, gäbe es keinen Grund, über Dialog zu sprechen. Es gäbe deshalb keinen Grund, weil die Dinge durch den Menschen in die Zeit eintreten, weil sie von ihm Ausdruck (signifiant) und Inhalt (signifié') erhalten. Die Dinge teilen sich nicht mit, sie erzählen nicht ihre Geschichte. Dies gilt aber nicht für die Menschen, denn sie können ihre Autobiographie schreiben.

Verlorene Zeit aus menschlicher Perspektive ist die Zeit, in der Menschen verdinglicht werden (und konkret und realistisch, nicht streng ethisch gesehen, ist selbst dies keine verlorene Zeit, da ja damit die neue Zeit mit anderen Dimensionen entsteht, in der der Mensch seine conditio humana erlangen wird). Verloren, wenn auch in der Illusion gewonnen, ist die Zeit, die mit Bla-Bia, mit Verbalismen, mit Gerede verbracht wird, so wie auch die mit reinem Aktivismus verbrauchte Zeit verloren ist, denn beide sind nicht für die wirkliche Praxis genutzt worden.

Als nicht verloren ist jedoch die Zeit zu betrachten, die für den problemformulierenden und damit kritischen Dialog verwandt wird, der in der Kritik den Menschen als das wahre Subjekt der

---

Ernâni Maria Fiori, Aprender a dizer sua palavra – O metodo de alfabetização do Prof. Paulo Freire, a.a.O.

16 Siehe hierzu Paulo Freire, Algumas sugestões sobre um trabalho educativo que encare o „asentamiento" como uma totalidade.

Veränderrung seiner Realität sieht. Selbst wenn die Arbeit des als Lehrer tätigen Agronomen sich unserer Meinung nach darauf beschränkte, neue Techniken zu lehren, wäre kein Vergleich zwischen Dialogizität und Antidialogizität möglich. jede durch Dialog verursachte zeitliche Verzögerung, die de facto jedoch keine ist, bedeutet Zeitgewinn durch Zuverlässigkeit, Sicherheit, Selbstvertrauen und gegenseitiges Vertrauen. All dies kann Antidialogizität nicht erreichen.

Kommen wir schließlich zu der Behauptung, daß die dialogische Arbeit kein gangbarer Weg sei, wenn wissenschaftliche oder technische Kenntnisse ihren Inhalt bilden, wenn sie „outgroup“ Kenntnisse zum Gegenstand hat.

Es wird immer gesagt, daß der Dialog nicht nur mit den Landarbeitern über Agrartechniken unmöglich sei[17], sondern auch in der Volksschule, zum Beispiel über 4 x 4, denn das Resultat könne nicht 15 sein; daß es ebensowenig möglich sei, einen Dialog über H_2O zu führen, denn die Zusammensetzung des Wassers könne nicht H_4O sein; daß es gleichfalls unmöglich sei, mit dem Lehrer über eine historische Tatsache, die sich zu einem bestimmten Zeitpunkt und auf eine bestimmte Weise ereignet hat, einen Dialog zu führen. Tatsachen müßten einfach berichtet und

17 Wir müssen uns darüber im klaren sein, daß die Agrartechniken den Landarbeitern nicht fremd sind. Ihre tägliche Arbeit besteht ja gerade aus der Bearbeitung des Bodens, eine Arbeit allerdings, die begrenzt ist durch die eigenen Erfahrungen, was wiederum bedingt ist durch den kulturellen Kontext. Es geht nicht nur darum, sie diese Techniken zu lehren, es gibt auch allerhand von ihnen zu lernen. Kaum ein erfahrener und aufnahmebereiter Agronom wird aus dem Zusammenleben mit Landarbeitern keinen Nutzen gehabt haben. Wenn die Dialogizität die hier analysierten strukturellen Schwierigkeiten bereitet, so schafft die Antidialogizität noch viel größere Schwierigkeiten. Die Dialogizität kann die genannten Schwierigkeiten mit der problemorientierten Methode überwinden, die Antidialogizität, die schon in sich anti-problematisierender Natur ist, steht vor einem unermeßlichen Hindernis: die empirischen Verfahrensweisen der Landarbeiter durch die Technik derer, die diese Methode vertreten, zu ersetzen. Und da dieser Vorgang einen kritischen Entscheidungsakt fordert (den die Antidialogizität nicht hervorbringt), ist das Ergebnis eine pure Aufnötigung der elaborierten Techniken, die an die Stelle der empirischen Verfahren der Landarbeiter treten.

im Gedächtnis behalten werden, das sei der einzige Weg. Diese Zweifel, die, wie gesagt, fast immer Behauptungen sind, unterliegen einem Irrtum. Und dieser Irrtum resultiert wohl in vielen Fällen aus dem Unverständnis dessen, was der Dialog und was das Wissen ist und wie es entsteht.

Mit dem Dialog wird nicht bezweckt, daß der Lernende alle bis heute erreichten technischen und wissenschaftlichen Fortschritte nachvollzieht, daß er Rätsel löst oder sich in einem rein intellektuellen Spiel mit leeren Worten begnügt.

Der Zweck des Dialoges besteht in jedem Fall (ob es sich um technische oder wissenschaftliche Erkenntnis oder um „erfahrene" Erkenntnis handelt) darin, die eigene Erkenntnis in ihrer unbestreitbaren Rückwirkung auf die konkrete Wirklichkeit darzustellen, in der sie entsteht und auf die sie zurückwirkt, um diese besser verstehen, erklären und verändern zu können. Wenn 4 x 4 = 16 sind und nur dies ist in einem Dezimalsystem wahr, dann sollte der Lernende sich deswegen nicht nur einfach merken, daß es 16 sind. Die Objektivität der Wahrheit in einem Dezimalsystem muß als Problem gestellt werden. In der Tat wäre 4 x 4 ohne Realitätsbezug, besonders für ein lernendes Kind, eine falsche Abstraktion.

4 x 4 nach dem Einmaleins sich zu merken, ist eine Sache; 4 x 4 in konkrete Erfahrung übersetzt, ist eine andere Sache: vier mal vier Ziegel herstellen. Statt mechanisch vier mal vier zu lernen, muß der Bezug zu einer menschlichen Tätigkeit hergestellt werden.

In der gleichen Weise muß der Schüler gleichzeitig mit dem experimentellen Nachweis der chemischen Zusammensetzung des Wassers im Labor den Sinn des Wissens als eine permanente Suche kritisch begreifen. Er muß sich mit der Bedeutung dieser wissenschaftlichen Entdeckung, mit der historischen Dimension des Wissens, mit seinem Eingebettetsein in die Zeit und mit seiner Verwendbarkeit als Instrument auseinandersetzen. All dies haben forschende Suche und Dialog zum Thema.

Desgleichen können historische Fakten nicht einfach mit jener übertriebenen Freude an Einzeldaten berichtet und damit auf etwas Statistisches reduziert werden, das im Kalender festgehalten wird. Wenn man schon nicht umhin kann, von Geschehenem zu sprechen, und davon, wie es geschah (wobei niemand behaupten kann, daß nicht noch etwas aufgedeckt werden könnte), dann muß das Faktum dem Schüler als Problem gestellt werden. Er muß über das Warum des Faktums, über den Zusammenhang mit anderen Fakten im globalen Kontext, in dem es sich ereignete, nachdenken.

Man könnte sagen, daß es die Aufgabe eines Geschichtslehrers sei, das Partielle eines historischen Faktums in die Totalität zu setzen. Unserer Ansicht nach ist jedoch nicht dies seine vorrangige Aufgabe, sondern den Schülern in problemorientierter Weise die Möglichkeit zu schaffen, sich selbst in kritischem Denken zu üben und selbständig das Warum der Fakten zu interpretieren.

Wenn Bildung im Dialog geschieht, spielt der Lehrer eindeutig in jeder Situation eine wichtige Rolle. Sofern er mit den Schülern im Dialog steht, muß er deren Aufmerksamkeit auf diesen oder jenen weniger klaren oder harmloser scheinenden Punkt lenken, indem er diesen immer als Problem formuliert.

Warum? Wie? Stimmt das? Welche Beziehung besteht zwischen deiner Äußerung und dem, was dein Mitschüler „A“ gesagt hat. Ist da ein Widerspruch? Warum?

Auch hier kann wieder ein Einwand kommen, daß dies alles viel Zeit erfordere, daß es keine Zeit zu verlieren gäbe, da ein Programm existiere, das erfüllt werden müsse. Im Namen der Zeit, die nicht verloren werden darf, sei nochmals darauf hingewiesen: Zeitverlust bedeutet es, wenn die Jugend entfremdet wird durch eine Art formalistisches Denken, durch fast immer wortreiche Schilderungen, deren „gegebener“ Inhalt passiv aufgenommen und auswendig gelernt werden muß, um später wiederholt zu werden.

Der problemorientierte Dialog hängt nicht vom Inhalt ab, der als Problem dargestellt wird. Alles kann als Problem formuliert werden.

Die Aufgabe des Lehrenden besteht nicht darin, Lernende mit Erkenntnissen aus der Technik oder oder anderen Bereichen „vollzupumpen“, sondern mit Hilfe der Dialogbeziehung zwischen Lehrendem-Lernendem und Lernendem-Lehrendem richtiges Denken bei beiden zu ermöglichen.

Nicht der studiert mit dem größten Erfolg Philosophie, der ipsis verbis über die Philosophie des Wandels bei Heraklit spricht, über das Seinsproblem bei Parmenides, über das Reich der Ideen bei Platon, über die Metaphysik bei Aristoteles oder in der Moderne, über den Zweifel bei Descartes, über das Ding an sich bei Kant, über die Dialektik von Herr und Sklave bei Hegel, die Entfremdung bei Hegel und Marx, die „Intentionalität des Bewusstseins" bei Husserl. Mit dem größten Erfolg studiert der Philosophie, der kritisch über dieses Denken nachdenkt und dabei das Risiko eingeht, selbst zu denken.

Je geduldiger er einfach die Inhalte aufnimmt, mit denen er im Namen des Wissens von seinen Lehrern „vollgepumpt" wird, um so weniger kann er denken, und es bleibt beim simplen Wiederholen.

Denn kein Philosoph hat seine Gedanken entwickelt und kein Wissenschaftler sein wissenschaftliches Wissen systematisiert, ohne vor Problemen und Herausforderungen gestanden zu haben. Wenn dies auch nicht bedeutet, daß jeder herausgeforderte Mensch zum Philosophen oder Wissenschaftler wird, so bedeutet es doch, daß die Herausforderung grundlegend für das Entstehen von Wissen ist.

Selbst wenn ein Wissenschaftler während seiner Forschung auf etwas stößt, was er nicht suchte (und das ist meistens der Fall), geht seine Entdeckung doch von der Formulierung eines Problems aus.

Was wir hiermit klarmachen wollen, ist folgendes: wenn wissenschaftliche Erkenntnis und die Herausarbeitung eines stringenten Gedankengefüges nicht auf ihre Problematisierende Quelle verzichten können, dann können diese wissenschaftliche Erkenntnis und die Stringenz des philosophischen Denkens ebensowenig erfaßt werden ohne eine Problematisierung des eigentlichen Wissens, daß der Lernende sich aneignen soll.

Manchmal haben wir den Eindruck (ohne dogmatisch sein zu wollen), daß viele von denen, die diese Zweifel artikulieren, ihren mangelnden Glauben in den konkreten Menschen und in den Dialog mit Hilfe von Abwehrmechanismen rationalisieren. Im Grunde möchten sie weiter nach der „Bankiers"-Methode Vorträge halten und Eroberer sein.

Diese Angst vor dem Dialog muß jedoch begründet werden, und das geschieht am besten durch eine Rationalisierung. Man spricht am besten davon, daß der Dialog kein gangbarer Weg sei, daß er Zeitverlust bedeute. Daher wird zwischen ihnen als „Verteiler“ des gelehrten Wissens und ihren Schülern der Dialog niemals möglich sein. Der Antidialog drängt sich nach Ansicht derer, die so denken, im Namen der „Kontinuität der Kultur“ sogar noch auf.

Diese Kontinuität existiert; aber gerade weil sie Kontinuität ist, ist sie auch ein Prozeß und kein Stillstand. Kultur existiert nur in einem Entwicklungsprozeß. Sie kann sich nur erhalten, weil sie sich wandelt. Oder besser gesagt: Kultur „dauert“ nur im widersprüchlichen Spiel von Permanenz und Wandel.

Dem Dialog ziehen jene Zweifler ellenlange, höchst gelehrte, mit Zitaten gespickte Vorträge vor. Dem problemorientierten Dialog ziehen sie die sogenannte „kontrollierte Lektüre“ vor (wobei nicht die Lektüre, sondern der Schüler kontrolliert wird), die keinerlei intellektuelle, kreative Schulung als Resultat zeitigt, sondern die Unterwerfung des Schülers unter den Text, dessen Lektüre „kontrolliert“ werden soll. Und dies wird manchmal Bewertung genannt; oder man behauptet, daß die Jugend zum Lernen und zum Wissen „gezwungen“ werden muß. In Wirklichkeit wollen sie sich nicht auf das Risiko des dialogischen Abenteuers, der problemorientierten Methode einlassen und retten sich in ihren vortragenden, rhetorischen Unterricht, der wie ein „Schlaflied“ wirkt. Sie ergötzen sich in narzißtischer Weise am Echo ihrer „Worte“ und schläfern die Kritikfähigkeit ihrer Schüler ein.

Der Dialog und die problemorientierte Methode jedoch schläfern niemand ein. Sie machen bewußt. Im Dialog und in der Problematisierung entwickeln Lernende-Lehrende und Lehrende Lernende eine kritische Haltung mit dem Ergebnis, daß sie im gemeinsamen Wissen eine Interaktion erkennen; ein Wissen, das die Welt und die Menschen in ihr und mit ihr widerspiegelt, das die Welt erklärt, das aber vor allem durch die Veränderung dieser Welt seine Rechtfertigung findet.

Die problemorientierte Methode überwindet das alte *magister dixit*, hinter dem sich jene verbergen möchten, die sich für „Eigner", „Verwalter" und „Inhaber" des Wissens halten.

Die dialogische Problemformulierung, gleich auf welcher Ebene, zu verwerfen, bedeutet, an einem unvertretbaren Pessimismus den Menschen und dem Leben gegenüber festzuhalten. Es bedeutet, in die Praxis des Deponierens von falschem Wissen zu verfallen, das den kritischen Geist betäubt und damit der Domestizierung der Menschen dient und die kulturelle Invasion zu ihrem Instrument macht.

Paulo Freire wendet sich in diesem Abschnitt seines 1968 als Arbeitspapier erstmalig vorgetragenen Beitrages über „Extension oder Kommunikation?“ sowohl gegen subjektivistische als auch objektivistische Erklärungen und Verkürzungen von Bildung. Bildung hat für ihn stets ihren Ausgangspunkt in der Mensch-Welt-Beziehung zu suchen und der Mensch kann durch sein Tun die Welt gestalten und verändern. Bildung und Bewusstwerdung zielen dabei darauf, dass das Auswendiglernen und das Nachvollziehen fremder Gedanken ersetzt werden durch ein Selbstdenken und eine beständige Suche nach den humanisierenden Möglichkeiten, in konkreten Situationen gemeinsame Antworten auf gesellschaftliche Problemlagen zu finden.

In seinen Überlegungen, welche das menschliche Antlitz und die gesellschaftliche Freiheit zu befördern trachten, stellt Freire seine Grundannahme eines an allseitiger Humanisierung orientierten Bildungsbegriffes heraus: Jeder Mensch ist das Subjekt der Erkenntnis; jede Erkenntnissituation fordet ihn heraus. Diese frühen bildungstheoretischen Reflexionen, aufgenommen in einem Sammelband von Essays zu den Umrissen einer „Pädagogik der Solidarität“ verdeutlichen dabei auch, wie Freire Kodierung der menschlichen Situation sieht und was für ihn die Dekodierung der Erkenntnisakte zu leisten vermag. Bildung, will sie befreiend wirken, drängt vom Erschauen zum Durchschauen sozialer Wirklichkeit.

Paulo Freire

Bildung als Erkenntnissituation* (1970)

Der Mensch ist ein bewußtes Wesen. Sein auf die Welt gerichtetes Bewußtsein ist immer Bewußtsein *von*, in permanenter Auseinandersetzung mit der Wirklichkeit. Deshalb ist es dem Menschen eigen, in ständiger Beziehung zur Welt zu stehen; in Beziehun-

* Quelle: Paulo Freire, Pädagogik der Solidarität. Für eine Entwicklungshilfe im Dialog, Wuppertal: Hammer 1974, S. 81-103. Übersetzung aus dem Spanischen von Karin Schreiner. Die Zählung der Fußnoten folgt der Quelle und beginnt bei 10 (Anm. d. Hg.).

gen, in denen die in der Objektivität Gestalt annehmende Subjektivität zusammen mit jener eine dialektische Einheit bildet, aus der eine mit dem Handeln solidarische Erkenntnis erwächst und umgekehrt.

Aus diesem Grunde sind einseitig subjektivistische oder einseitig objektivistische Erklärungen, die diese Dialektik zerstören und das Unzertrennbare zweiteilen, nicht in der Lage, dies zu umfassen. Beiden mangelt es an teleologischem Verständnis. Wenn der Solipsismus in der Behauptung irrt, daß nur das Ich existiert und daß sein Bewußtsein alles erreicht, und daß es absurd wäre, eine außerhalb dieses Bewußtseins befindliche Wirklichkeit zu denken, dann irrt auch der akritische, mechanizistische, grob materialistische Objektivismus, demzufolge die Wirklichkeit sich letzten Endes selbst, ohne Zutun der Menschen verändert, wobei diese dann bloße Objekte der Veränderung wären.[1]

Wenn der Mensch in dieser oder jener irrigen Betrachtungsweise gesehen wird und damit sein Vorhandensein in der Welt und seine Rolle in der Geschichte erklärt wird, so entstehen daraus falsche Auffassungen von Bildung.

Die eine geht von der Negation jeder konkreten und objektiven Wirklichkeit aus und bezeichnet das Bewußtsein als ausschließlichen Schöpfer der eigenen konkreten Wirklichkeit. Die andere leugnet praktisch den Menschen als ein die Welt veränderndes Wesen und ordnet ihn der Veränderung der Welt unter, die sich ohne seine Entscheidung vollzieht.

Der Idealismus irrt mit seiner Behauptung, daß die von der Wirklichkeit gelösten Ideen den historischen Ablauf beherrschen, ebenso wie der mechanistische Objektivismus, der die Menschen abstrahiert und ihren entscheidenden Einfluß auf historische Veränderungen leugnet. Denn Bildung, die auf der einen oder der anderen Negation des Menschen basiert, führt in Wirklichkeit zu nichts.

1 In der dritten These über Feuerbach sagt Marx: „Die materialistische Lehre, daß die Menschen Produkte der Umstände und der Erziehung, veränderte Menschen also Produkte anderer Umstände und geänderter Erziehung sind, vergißt, daß die Umstände eben von den Menschen verändert werden und der Erzieher selbst erzogen werden muß."

Der Mensch muß nämlich in Interaktion mit der Wirklichkeit, die er fühlt, wahrnimmt und auf die er verändernd einwirkt, gesehen werden.

Gerade in den dialektischen Beziehungen zur Wirklichkeit soll Bildung als ein Prozeß beständiger Befreiung des Menschen behandelt werden, als Bildung, die deshalb weder den Menschen isoliert von der Welt begreift – ausgehend davon, daß er diese in seinem Bewußtsein schafft – noch die Welt ohne den Menschen, den man unfähig glaubt, sie zu verändern.

Eine solche Bildung würde im Grunde ahistorisch: im ersten Fall, weil die konkrete Welt fehlt, im zweiten Fall, weil der Mensch nicht einbezogen wird.

In Wirklichkeit gibt es Geschichte weder ohne die Welt noch ohne den Menschen. Geschichte ist weder ein mechanistischer Prozeß, in dem die Menschen Nebenprodukte der Fakten sind, noch das Resultat reiner Ideen, die einige Menschen in ihrem Bewußtsein entwickelt haben. Geschichte wird im Gegenteil als die Zeit menschlicher Ereignisse, durch die Menschen gemacht, und zwar gleichzeitig, während sie sich selbst weiterformen.

Wenn also Bildungsarbeit, wie jede andere menschliche Tätigkeit, nur „innerhalb" der menschlichen, d.h. der soziokulturellen Welt vor sich gehen kann, dann müssen die Beziehungen Mensch-Welt der Ausgangspunkt unserer Reflexionen über diese Tätigkeit sein.

Diese Beziehungen werden nicht nur einfach als solche bezeichnet, sie sind keine leere Phrase, denn sie beinhalten ein dialektisches Spiel, in dem der eine Pol der Mensch und der andere die objektive, im Entstehen begriffene Welt ist.

Wäre diese historisch-kulturelle Welt eine bereits geschaffene, fertige Welt, könnte sie nicht mehr verändert werden, mehr noch: wäre sie eine fertige Welt, dann wäre sie keine Welt, wie der Mensch ebensowenig Mensch wäre. Der Mensch ist insofern Mensch und die Welt ist insofern historisch-kulturell, als beide in ihrer Unfertigkeit in ständiger Beziehung zueinander stehen, wobei der Mensch die Welt verändert und die. Auswirkungen der durch ihn bewirkten Veränderung selbst erfährt.

In diesem dynamischen historisch-kulturellen Prozeß trifft eine Generation auf eine von einer anderen Generation geprägte objektive Wirklichkeit und wird durch diese gleichermaßen geprägt. Abgesehen davon, daß jede Bemühung, den Menschen zur Anpassung an diese Wirklichkeit zu manipulieren, wissenschaftlich absurd ist, da Anpassung die Existenz einer fertigen, statischen und nicht im Entstehen begriffenen Wirklichkeit voraussetzt, bedeutet eine solche Bemühung auch, dem Menschen das Recht und die Möglichkeit zur Veränderung der Welt zu nehmen.

Wahrhafte humanistische Bildung, die befreiend sein muß, um als solche gelten zu können, kann sich deshalb nicht auf einer solchen Ebene bewegen. Eines ihrer Hauptanliegen muß vielmehr die Vertiefung der Bewußtwerdung sein, die sich beim Menschen in seinem Handeln, in seiner Arbeit vollzieht.

Diese Vertiefung der Bewußtwerdung, die durch die conscientização geschieht, kann und könnte niemals durch intellektualistische oder individualistische Bemühungen erreicht werden. Conscientização ist nicht auf psychologistischem, idealistischem oder subjektivistischem Wege zu erreichen; ebensowenig führt (aus den bereits erwähnten Gründen) Objektivismus dahin. So wie Bewußtwerdung nicht im isolierten Menschen geschieht, sondern nur bei Menschen, die zwischen sich und der Welt Beziehungen der Veränderung herstellen, so kann auch die conscientização sich nur dort einstellen.

Die Bewußtwerdung als ein dem Menschen eigener Vorgang resultiert, wie wir sahen, aus der Konfrontation des Menschen mit der konkreten Wirklichkeit, die sich ihm wie eine Objektivierung darstellt. jede Objektivierung impliziert eine Wahrnehmung, diese wiederum wird bedingt durch die Bestandteile der Wirklichkeit selbst.

So gibt es verschiedene Ebenen der Bewußtwerdung: einmal die von der Magie bestimmte, und eine zweite Ebene, auf der daß objektivierte Faktum nicht in seiner ganzen Komplexität erfaßt wird.Wenn die Bewußtwerdung über das reine Erfassen des Vorhandenseins seines Faktums hinausgeht und dieses kritisch in ein System von Beziehungen einordnet, in die Totalität also, in der dieses sich gezeigt hat, dann wird sie durch Überwindung ihrer selbst, durch die Vertiefung zu conscientização.

Es sei nochmals betont, daß diese Bemühung, die Bewußtwerdung zu überwinden und die Ebene der conscientização zu erreichen – und dafür muß der Betreffende sich stets kritisch in der Wirklichkeit sehen, die sich ihm zu offenbaren beginnt –, nicht individuell, sondern nur gesellschaftlich unternommen werden kann.

Um dies zu begreifen, genügt zu wissen, daß die conscientização sich nicht in abstrakten Wesen oder im luftleeren Raum vollzieht, sondern in konkreten Menschen und in sozialen Strukturen.

Andererseits kann nicht oft genug wiederholt werden, daß die conscientização, die nur in der konkreten, niemals in einer auf reine Bewußtseinsbetätigung reduzierten Praxis möglich ist, niemals neutral sein kann. Neutral kann auch Bildung niemals sein.

Von Neutralität sprechen nämlich gerade jene, die um ihr Recht fürchten, ihre Nicht-Neutralität zu ihren Gunsten benutzen zu können.

Der Lehrende hat als Mensch im Prozeß der conscientização das Recht, Entscheidungen zu treffen. Er hat aber kein Recht, diese anderen aufzuzwingen. Wenn er dies versucht, schreibt er seine Entscheidungen anderen vor; vorschreiben heißt manipulieren, manipulieren bedeutet verdinglichen, und damit wird eine Beziehung der Domestizierung hergestellt, die sich sogar unter harmlos scheinenden Hüllen verbergen kann. Unter solchen Umständen von conscientização zu sprechen ist eine Farce. In jedem Fall kann ein solcher falscher Lehrer jedoch nur insofern domestizieren, als er, statt sich um eine Entmythifizierung der mythifizierten Wirklichkeit zu bemühen, diese noch stärker mythifiziert. Zwar muß er sich nicht in Kommunikation, wohl aber in *Mitteilungen* (communiqués) üben. Er darf in keinem Moment eine wirkliche Erkenntnisbeziehung herstellen, denn damit wäre Manipulation unmöglich.

Deshalb bedeutet für uns die „Bildung als Praxis der Freiheit" weder Wissen noch Kultur zu übertragen oder zu übermitteln; sie bedeutet nicht, technische Kenntnisse zu „extendieren", Informationen oder Fakten bei den Lernenden zu deponieren, sie bedeutet nicht die „Verewigung der Werte einer gegebenen Kultur", nicht das „Bemühen, den Lernenden an sein Milieu anzupassen". Für uns ist „Bildung als Praxis der Freiheit" vor allem und in erster Linie eine wahrhafte Erkenntnissituation, in der der Erkenntnisakt nicht im erkennbaren Objekt sein Ende findet, da er sich anderen, ebenfalls erkennenden Subjekten mitteilt. Lehrende-Lernende und Lernende-Lehrende stehen im befreienden Bildungsprozeß beide als erkennende Subjekte den sie einander vermittelnden Objekten gegenüber.

Nicht selten haben wir dazu gehört: „Wieso kann man den Lehrer auf die gleiche Stufe der Erkenntnissuche stellen wie den Schüler, da er ja doch schon Wissen besitzt? Wie kann man beim Schüler eine Erkenntnishaltung annehmen, wenn seine Rolle darin besteht, vom Lehrer zu lernen?"

Solche Fragen, die im Grunde Einwände sind, können die Vorurteile des Fragestellers nicht verbergen. Sie kommen immer von denen, die sich für die Inhaber des Wissens halten gegenüber den als absolut unwissend betrachteten Schülern; von denen, die aus einem Mißverständnis, einem Irrtum oder einer bestimmten Ideologie in der dialogischen und kommunikativen Bildung eine Bedrohung sehen, oder, im positivsten Fall, nur eine Bedrohung ihres falschen Wissens.

In Wirklichkeit werden viele jener, die die Kommunikation verwerfen und die wahre, nämlich gemeinsame Erkenntnisfähigkeit fliehen, gerade durch ihre Unfähigkeit, vor erkennbaren Objekten eine Erkenntnishaltung einzunehmen, dazu veranlaßt. Sie bleiben im Bereich der doxa, denn außerhalb dieses Bereiches wiederholen sie lediglich angelesene und ihnen kaum verständliche Texte.

In der Bildung als wahrhafte Erkenntnissituation gibt es weder den Moment, in dem der Lehrende allein in seiner Bibliothek oder seinem Labor zu Erkenntnis gelangt, noch den, in dem er, räumlich getrennt von Bibliothek und Labor, erzählt, Vorträge hält oder berichtet, zu welcher Erkenntnis er gelangte.

Während er forscht, während er sich als erkennendes Subjekt dem erkennbaren Objekt nähert, ist er nur scheinbar allein. Er stellt nicht nur zu den Menschen, die vor ihm den gleichen Erkenntnisakt ausgeführt haben, jenen unsichtbaren und geheimnisvollen Dialog her, sondern er steht auch mit sich selbst im Dialog. Er stellt sich sich selbst gegenüber. Er erforscht und befragt sich selbst. Und je mehr Fragen er sich stellt, um so stärker spürt er, daß seine Wißbegier gegenüber dem Erkenntnisobjekt sich nicht erschöpft. Denn sie erschöpft sich nur und findet nichts mehr, wenn er sich von der Welt und den Menschen isoliert. Deshalb muß er den Dialog als fundamentale Erkenntnisstruktur auf andere erkennende Subjekte ausweiten.

Auf diese Weise ist sein Unterricht kein Unterricht im herkömmlichen Sinn, sondern eine Begegnung, in der Erkenntnis gesucht und nicht übertragen wird. Weil er seine Tätigkeit nicht in zwei verschiedene Momente unterteilt, nämlich einmal den Moment, in dem er erkennt, und zum anderen den, in dem er über seine „Erkenntnis" spricht, ist seine Tätigkeit ein permanenter Erkenntnisakt.

Deshalb verfällt er niemals in den Bürokratismus sonorer, ständig wiederholter mechanischer Erklärungen. Deshalb wird er bei jeder Frage eines Schülers in der Erklärung den gesamten vorausgegangenen Erkenntnisakt wiederholen.

Dies bedeutet aber nicht, ihn genau zu wiederholen, sondern ihn noch einmal, in einer neuen Situation zu unternehmen, in der neue, vorher nicht geklärte Aspekte sich dann als klar erweisen können oder in der sich neue Zugangswege zum Objekt eröffnen.

Lehrer, die diese Anstrengungen nicht unternehmen, weil sie ihre Lektionen einfach auswendig lernen, lehnen die Bildung als Erkenntnissituation notwendigerweise ab und können damit den kommunikativen Dialog auch gar nicht wollen.

In ihren Augen ist Bildung Übertragung von Kenntnissen und besteht darin, diese auf die passiven Schüler zu extendieren, womit sie sowohl die Schüler als auch sich selbst daran hindern, jene für den Erkennenden charakteristische aktive und kopartizipierende Haltung zu entwickeln.

Diese falsche Auffassung von Bildung, die sich auf das Deponieren von Informationen bei den Lernenden stützt, verhindert im Grunde jede Veränderung und ist deswegen eine antihistorische Bildungskonzeption.

Bildungssysteme, die darauf basieren, erheben sich zu einer Art Palisade zur Abwehr von Kreativität, denn diese entwickelt sich, nicht in leerem Formalismus, sondern nur in der menschlichen Praxis, in der Praxis der Menschen in der Welt und mit der Welt; in einer Praxis, in der Aktion und Reflexion solidarisch sind und sich ständig gegenseitig inspirieren; in der das praktische Handeln nicht nur die Theorie impliziert, von der es sich niemals löst, sondern auch die Haltung des nach Wissen Suchenden und nicht die eines passiven Empfängers. Deshalb muß Bildung, sofern sie sich nicht auf eine wahrhafte Erkenntnissituation gründet, sich in leerem Verbalismus erschöpfen, der nur deshalb keine Folgen hat, weil er frustriert. Die Beziehungen zwischen dem verbalistischen Lehrer, der auswendig gelernte und nicht durch Suche gewonnene oder hart erarbeitete „Erkenntnis" vorträgt, und seinen Schülern kommen einer Art „Bildungsfürsorge" gleich; die leeren Worte sind so etwas wie die für die verschiedenen Formen der Fürsorge im sozialen Bereich charakteristischen „Spenden".

Diese beiden Formen von Fürsorge – die materielle ebenso wie die intellektuelle – schließen sich im Grunde gegenseitig ein und hindern die „Befürsorgten" daran, die Wirklichkeit klar und kritisch zu sehen, sie zu enthüllen, zu entkleiden und so zu erfassen, wie sie ist. Sie hindern die „Befürsorgten" daran, sich als solche zu erkennen.[2]

Bildung, die darauf verzichtet, eine echte Erkenntnissituation zu sein, und sich dem Vortragsverbalismus verschreibt, gibt den Lernenden keine Möglichkeit, den Bereich der bloßen doxa zu

2 Die Tatsache, daß in jeder Art von Fürsorge dieses Hemmnis enthalten ist, bedeutet jedoch nicht, daß es denjenigen, denen sie zuteil wird, nicht früher oder später gelingt, diese Fürsorgesituation zu überwinden und sich in der Aktion als der Entscheidung fähiger Mensch zu bestätigen. Wir haben keine Bedenken zu behaupten, daß die Bewegung der Rebellion, die heute immer stärker um sich greift, viel von dem Ausbrechen der Jugend (und in manchen Gebieten auch des Volkes) aus einer „fürsorglichen" und „fürsorgerischen" Welt hat. Es ist dabei zu beobachten, daß die „Aufständischen" die Gültigkeit von „fürsorglich" gemachten „Mitteilungen" über die menschliche Existenz in Frage stellen. Sie streben nicht nur nach der instrumentalen Beherrschung des *Wie,* sondern gehen vom *Was* zum *Warum* und *Wofür* der Dinge, des Handelns und der Existenz.

überwinden und Zugang zum logos zu finden. Wenn es ihnen doch gelingt, dann nur trotz dieser Bildung.

Während die „Fürsorge"-Konzeption der Bildung die Lernenden „narkotisiert" und sie deshalb in einer akritischen und naiven Haltung der Welt gegenüber beläßt, fordert Bildung, die sich als Erkenntnissituation versteht (und dieses Selbstverständnis auch praktiziert), sie zu richtigem Denken und nicht zum Auswendiglernen auf.

Während die eine starr, dogmatisch und autoritär ist, ist die andere flexibel und kritisch; deshalb verwechselt sie Autorität nicht mit Autoritarismus und Freiheit nicht mit Zügellosigkeit. Deshalb erkennt sie in der Zeit die Beziehungen zwischen der einen epochalen Einheit und der anderen, die durch die „horizontale Struktur" entstehen und die die „Dauer" der Kultur erklären. „Dauer" heißt nicht *Permanenz,* sondern das Zusammenspiel zwischen Permanenz und Veränderung.[3]

Nach der einen Auffassung ist Bildung zweifellos ein Domestizierungsinstrument, nach der anderen dagegen eine konstante Suche nach Befreiung.

Wenn Bildung also diese Beziehung zwischen erkennenden, durch das Erkenntnisobjekt einander vermittelten Subjekten ist, in der der Lehrer seinen Erkenntnisakt ständig von neuem vollzieht, ist sie folglich notwendigerweise auch problematisierender Art.

Die Aufgabe des Lehrers besteht somit darin, den Schülern die Problematik des sie vermittelnden Inhaltes klarzumachen und nicht diesen Inhalt vorzutragen, zu schenken, zu extendieren (weiterreichen), zu übergeben, als ob es sich um etwas Fertiges, Ausgefeiltes, Vollendetes oder Abgeschlossenes handelte. Indem er die Schüler vor Probleme stellt, stellt er sich selbst als Problem dar.

Diese Methode ist in so hohem Grade dialektisch, daß niemand sie anwenden kann, der sich nicht selbst mit einbezieht. Niemand kann jemand anderem die Problematik einer Sache darlegen und dabei selbst die Rolle eines bloßen Zuschauers beibehalten. Selbst

---

3 Siehe hierzu Paulo Freire, O papel do trabalhador social no processo de transformação.

wenn er aus methodologischen Gründen bei der Darlegung des Problem-Sachverhaltes es vorzieht, selbst zu schweigen, während die Schüler die Problematik zu erfassen, analysieren und verstehen versuchen, ist er dennoch in den Vorgang einbezogen; denn jeder Schritt, den eines der Subjekte in Richtung auf ein tieferes Erfassen der Problemsituation tut, eröffnet den anderen neue Wege zum Verständnis des Gegenstandes der Analyse. Der Lehrer, der schon allein durch den Akt der Problemstellung selbst darin einbezogen ist, „erschaut von neuem" das problematisierte Objekt dadurch, daß die Schüler es „er-schauen". Deshalb hört der Lehrer niemals auf zu lernen; je bescheidener er sich im Akt des „Wieder-er-schauens" durch das „Er-schauen" seitens der Schüler zeigt, desto mehr lernt er.

Für diesen Prozeß der Problematisierung, der sich im Rahmen der Kommunikation über reale, konkrete und existentielle Situationen oder auch über intellektuelle Inhalte, ebenfalls mit Bezug zum Konkreten, abspielt, ist es erforderlich, daß die in die Problemstellung einbezogenen Gesprächspartner die Zeichen verstehen, die zur Beschreibung der bezeichneten Gegenstände dienen.

Das Verständnis der Zeichen wird erreicht durch die Dialogizität, und diese ermöglicht somit das genaue Verständnis der Begriffe, mit deren Hilfe die mit dem Problem befaßten Subjekte der kritischen Analyse des Problems Ausdruck geben.

Die problemorientierte Methode (dies sei nochmals hervorgehoben) ist weder entfremdeter oder entfremdender intellektueller Zeitvertreib, noch Flucht vor der Aktion, noch ein Mittel, die Negation des Wirklichen zu verschleiern. Sie ist untrennbar mit dem Erkenntnisakt verbunden und wie dieser nicht von konkreten Situationen zu lösen.

Ausgehend von konkreten Situationen, in deren Analyse die Subjekte sich selbst in der Konfrontation mit diesen Situationen sehen und die Konfrontation nachvollziehen, impliziert die problemorientierte Methode eine kritische Rückkehr zur Aktion. Sie geht von der Aktion aus und kehrt zu ihr zurück. Im Grunde ist die problemorientierte Methode die Reflexion, die jemand über einen Inhalt, das Resultat einer Handlung oder die Handlung selbst anstellt, um zusammen mit anderen in der Wirklichkeit besser handeln zu können.

Ohne Wirklichkeit gibt es keine Problemstellung. (Deshalb muß die eigentliche Diskussion über das *Dort* ausgehen von der Diskussion über das *Hier,* das für den Menschen auch immer ein *Jetzt* ist.)

Somit geht es bei der Bildungskonzeption, die wir vertreten und hier den möglichen Lesern dieses Essays als problematischen Inhalt summarisch darstellen, um die Problematisierung von Mensch-Welt; nicht um die Problemstellung des von der Welt isolierten Menschen noch die der Welt ohne den Menschen, sondern um die nicht dichotomisierbaren Beziehungen zwischen Mensch und Welt.

Diese Feststellung bedarf jedoch gerade wegen ihrer Bedeutung einer näheren Erklärung.

Was bedeutet wirklich die Problematisierung des Verhältnisses Mensch-Welt? Was beinhaltet die Problematisierung der nicht zweiteilbaren Beziehungen, die zwischen Mensch und Welt bestehen?

Es geht nicht darum, den Begriff Beziehung an sich als Problem zu formulieren. Der Begriff Beziehung weist auf das dem Menschen Eigene hin, das darin liegt, in und mit der Welt zu sein als ein arbeitendes, tätiges Wesen, das die Welt mit seiner Arbeit und seiner Tat verändert.

Das heißt nicht, daß es illegitim wäre, den Begriff Beziehung im rein menschlichen Bereich zu diskutieren und ihn z.B. dem Begriff *Kontakt* aus dem Bereich der Tiere gegenüberzustellen, oder daß es nicht möglich wäre, ihn unter linguistischem, philosophischem, soziologischem oder anthropologischem Aspekt zu diskutieren.

Von grundsätzlicher Bedeutung für Bildung als echte Erkenntnissituation ist jedoch die problematisierende Darstellung der Welt der Arbeit, des Schaffens, der Produktion, der Ideen, der Überzeugungen, der Wünsche, der Mythen, der Kunst und der Wissenschaft, kurz, die Welt der Kultur und der Geschichte, die aus den Beziehungen Mensch-Welt hervorgeht und ihre eigenen Schöpfer, nämlich die Menschen, bedingt.

Den Menschen diese Welt als Problem darzustellen, bedeutet, sie dazu aufzufordern, ihr eigenes Einwirken und das Einwirken anderer auf die Welt in seiner Totalität kritisch zu „erschauen“. Es bedeutet, die Welt von neuem zu „erschauen“, mit Hilfe des „Er-schauens“ des vorherigen „Er-schauens“, das in naiver und nicht umfassender Weise geschehen sein mag.

So gewinnen die Menschen im „Er-schauen“ der „er-schauten“ Welt Erkenntnis darüber, in welcher Weise sie bis dahin erkannten, und gelangen zu der Einsicht, daß besseres Erkennen notwendig ist. Hierin ruht die ganze Kraft der Bildung, die auf der Erkenntnissituation aufbaut.

Als Subjekte der Erkenntnis und nicht als Empfänger einer „Erkenntnis“, die ein anderer oder mehrere andere ihnen schenken oder vorschreiben, dringen die Menschen in diesem Bildungsprozeß allmählich bis zur Ratio der Wirklichkeit vor. Die Wirklichkeit enthüllt sich ihnen dabei als eine Welt bestehend aus Herausforderungen und Möglichkeiten, Determinismus und Freiheit, Negation und Bestätigung des Mensch-Seins, Fortbestand und Veränderung, Wert und Wertlosigkeit, Erwartung in der Zuversicht der Suche und Erwartung ohne Zuversicht in fatalistischer Tatenlosigkeit.

Je mehr Menschen sich kritisch mit ihren vergangenen und gegenwärtigen Erfahrungen in und mit der Welt auseinandersetzen, die sie, weil sie sie noch einmal erleben, jetzt klarer sehen, um so mehr werden gewahr, daß diese Welt für die Menschen keine Sackgasse ist, keine erdrückende conditio, aus der es keinen Ausweg gibt.

Sie entdecken oder schaffen zumindest in sich die Voraussetzungen für die Entdeckung, daß Bildung nicht einzig und allein im Fortbestehen oder im Wandel von etwas besteht. Weil Bildung sich im Zusammenspiel dieser dialektischen Gegensätze vollzieht, ist sie „Dauer“.

Bildung „dauert“ im Widerspruch Fortbestand-Wandel. Aus diesem Grund kann man nur im Sinne von „Dauer“ davon sprechen, daß Bildung fortbesteht, und gerade deshalb bedeutet Fortbestehen in diesem Fall nicht das Fortbestehen von Werten, sondern das Fortbestehen des Bildungs*prozesses*, d.h. des Zusammenspiels von Fortbestehen und Wandel der Kultur.

In dieser Dialektik Fortbestehen/Wandel, die den Prozeß „dauerhaft“ macht, findet sich die Erklärung dafür, daß Bildung eine im *Prozeß befindliche* und nicht einfach *vorhandene* Tätigkeit ist. Daher erklärt sich auch ihr soziohistorisches Bedingtsein.

Bildung, die sich nicht gleichzeitig mit der Wirklichkeit veränderte, würde nicht „dauern“, weil sie nicht in einem *Prozeß befindlich* wäre.

Deshalb kann Bildung, da sie in dem Maße „dauert“, als sie sich verändert, auch eine verändernde Kraft sein. Voraussetzung dafür wäre allerdings, daß ihre Veränderung das Ergebnis von Veränderungen ist, die dort stattgefunden haben, wo sie Anwendung findet. Dies heißt soviel wie: die Bildung einer Gesellschaft ist nicht mehr *in einem Prozeß befindlich* – und sie ist auch nicht mehr einfach *vorhanden* –, wenn sie von Veränderungen bestimmt wird, die in einer anderen Gesellschaft stattfinden, zu der die erste in Abhängigkeit steht.

Die importierte Bildung, eine Ausdrucksform entfremdeter Kultur, wird der Wirklichkeit der importierten Gesellschaft aufgestülpt; und diese „Bildung“, die nicht mehr *vorhanden* ist, weil sie sich nicht mehr im *Prozeß* dialektischer Beziehungen zu ihrer Umgebung *befindet,* besitzt auch keinerlei verändernde Kraft.

So zeigt sich, daß Bildung, solange sie eine Erkenntnissituation ist, die Lehrende und Lernende als erkennende Subjekte miteinander verbindet, diesen zahlreiche, notwendige Wege eröffnet, als Wesen der Praxis Bestätigung zu finden.

So sehen wir auch die Arbeit des als Lehrer tätigen Agronomen, der im Dialog mit den Landarbeitern die Wirklichkeit zu erkennen suchen muß, um sie mit ihnen zusammen besser zu verändern.

Wir sagten, daß Bildung als Erkenntnissituation bedeutet, den Inhalt als Problem zu formulieren, auf den Lehrende und Lernende als Subjekte der Erkenntnis gemeinsam ihre Intention richten. In dieser Kointentionalität dringen die erkennenden Subjekte auf der Suche nach der Ratio allmählich in das Objekt ein, so wie dieses sich den Subjekten allmählich enthüllt und in einem Struktursystem in direkter oder indirekter Beziehung zu anderen vergegenwärtigt.

Auf diese Weise gibt sich das Objekt (das auch eine Problemsituation sein kann), das zunächst wie ein isoliertes Ganzes „erschaut“ wurde, allmählich den erkennenden Subjekten als ein untergeordnetes Ganzes „hin“, das seinerseits Teil einer größeren Totalität ist.

Schritt für Schritt stellen die erkennenden Subjekte den Zusammenhang zwischen den einzelnen Teilen der Totalität her. So wird dann zum Beispiel die Aussaat kritisch als Teil einer größeren prozeßhaften Wirklichkeit und deshalb in direkter Beziehung nicht nur zu anderen Aspekten dieser Wirklichkeit, sondern auch zu Natur- und Kulturphänomenen begriffen.

So hängt die Aussaat ebenso mit der – guten oder schlechten – Beschaffenheit des Bodens, den Witterungsverhältnissen, dem richtigen Zeitpunkt, der – guten oder schlechten – Qualität des Saatgutes wie mit der Sähtechnik und dem magischen Glauben der Landarbeiter zusammen.

Jegliche Bemühungen müssen deshalb also nicht nur den spezifischen Aspekt, sondern die Totalität umfassen.

Es ist unmöglich, Techniken zu lehren, ohne die gesamte Struktur in der diese verwendet werden, in ihrer Problematik darzustellen.

Genausowenig ist eine Alphabetisierung von Erwachsenen ohne Bezug zur Arbeit, zur technischen Ausbildung und zu dem Weltbild der Menschen möglich, wie es in naiver Weise gefordert wird.[4]

Jede Tätigkeit im Bildungsbereich, wobei es keine Rolle spielt, ob der Lehrer Agronom oder etwas anderes ist, die sich darauf beschränkt, über *eine Sache* Vorträge zu halten, zu berichten oder davon zu sprechen, statt die zur Erkenntnis befähigende Reflexion der Lernenden über diese Sache herauszufordern, neutralisiert nicht nur diese Erkenntnisfähigkeit, sondern bleibt auch an der Peripherie der Probleme. Eine solche Tätigkeit zielt darauf, die Schüler „naiv“ zu halten und nicht darauf, einen Prozeß der „conscientização“ in ihnen zu wecken.[5]

---

4 Siehe hierzu Paulo Freire, A alfabetização de adultos – Crítica desua visão ingênua, compreensão de sua visão crítica.

5 Diese antidialogische Weise, Probleme zu organisieren (die sich im Anti-Dialog der erzieherischen Tätigkeit fortsetzt), hat nicht nur den

Aus diesem Grunde ist technische Hilfe erst dann echt, wenn sie zu Blldungsarbeit (in dem hier vertretenen Sinne) wird und die Verfahrensweisen einer reinen technischen „Fürsorge" überwindet. Wir gelangen an diesem Punkt zu einem Aspekt, der für unser Bildungskonzept von allergrößter Bedeutung ist.

Welches der erkennenden Subjekte schlägt die Grundthemen als zukünftige Erkenntnisobjekte vor?

Wenn das Wesentliche der Bildung als Erkenntnissituation in der Dialogbeziehung liegt, da ja ohne diese die Kointentionalität der Subjekte hinsichtlich des zu erkennenden Objektes nicht mehr vorhanden wäre, wann beginnt dann diese Beziehung?

Wie ist der programmatische Inhalt dieser Bildung zu organisieren?

Die Antworten auf diese Fragen finden sich mehr oder weniger implizit nicht nur in diesem Kapitel, sondern in dem Essay insgesamt; da sie jedoch nur implizit darin zu finden sind, müssen wir sie näher erläutern.

Wenn Bildung als eine eminent erkenntnistheoretische und folglich dialogische Situation gesehen wird, in der Lehrende-Lernende und Lernende-Lehrende solidarisch in die gleiche Problematik einbezogen sind, dann wird deutlich, daß der Ausgangspunk für den Dialog in der Suche nach dem programmatischen Inhalt liegt.

Somit können die Probleminhalte, die später als Programm des Erkenntnisakts dienen, weder von dem einen noch dem anderen der Dialogpole isoliert bestimmt werden. Wäre dies der Fall und leider geschieht es bisher auf diese Weise (wobei die Wahl der Inhalte natürlich ausschließlich dem Lehrer zusteht), dann würde die Bildungsarbeit vertikal, in Form von Spenden und „Fürsorge" geleistet.

Wenn der Agronom das technische Hilfsprogramm ausarbeitet und selbst, wenn dies in einem Team geschieht, ohne dabei kritisch zu vermerken, wie die Landarbeiter ihre Wirklichkeit wahrnehmen – wobei es auch keine Rolle spielt, ob er über die

Fehler, daß sie eine Herrschaftsideologie enthält – die als solche von denen, die sie anwenden, nicht immer erkannt wird –, sondern auch den, daß sie jeder wissenschaftlichen Gründlichkeit entbehrt. Diese Aussagen sollen durch die folgenden Seiten erhärtet werden.

dringendsten Probleme des Gebiets informiert ist –, tendiert er dazu, jene kulturelle Invasion zu praktizieren, von der im vorigen Kapitel[6] die Rede ist.

Es ist nicht selten der Fall (dies wurde zwar schon an verschiedenen Stellen dieser Untersuchung gesagt, soll aber hier noch einmal wiederholt werden), daß das, was für uns ein wirkliches Problem darstellt, für die Landarbeiter keins ist und umgekehrt.

Auch geschieht es nicht selten, daß die Landarbeiter trotz ihrer von Magie bestimmten kulturellen Basis beachtliche empirische Kenntnisse über Grundfragen der Anbautechniken erkennen lassen.

In keinem dieser Fälle kann in Anbetracht der Dialogizität der Bildung und angesichts ihres Erkenntnischarakters darauf verzichtet werden, sich vorher Kenntnis von den Bestrebungen, den Wahrnehmungsebenen und dem Weltbild der Lernenden zu beschaffen – in unserem Fall der Landarbeiter. Erst auf der Grundlage dieser Kenntnis kann der programmatische Bildungsinhalt, der dann einen ganzen Themenkreis umfaßt, an dem Lehrer und Schüler als erkennende Subjekte ihre Erkenntnisfähigkeit erproben, organisiert werden.

Um nun Kenntnis zu erhalten von dem Weltbild der Landarbeiter, das die „generativen Themen“ enthält (die zunächst ermittelt, in einen wissenschaftlichen Rahmen gestellt und untersucht werden und sich danach den Landarbeitern von neuem stellen), ist eine Untersuchung notwendig. Diese wiederum erfordert eine bestimmte Methode, die unserer Meinung dialogisch-problematisierender Art sein und zur Conscientização beitragen muß.[7] Die Ermittlung des „generativen Themas“ und die Bildung als Erkenntnissituation sind Teil ein und desselben Prozesses. Die Landarbeiter werden vor ihre eigene Thematik gestellt, um mit dem Lehrer (mag dieser Agronom oder etwas anderes sein) zusammen im Erkenntnisakt einen Dialog über diese Thematik zu führen; sobald der Bezug dieser Thematik zu anderen „verwand-

6 Vgl. Paulo Freire, „Extension“ und kulturelle Invasion, in: Pädagogik der Solidarität, Wuppertal 1974, S. 39-68.

7 In der Pädagogik der Unterdrückten haben wir diesem Problem ein ganzes Kapitel gewidmet.

ten" Themenkreisen erfaßt ist, „erzeugt" sie notwendigerweise neue Themen in der durch die Wahrnehmung der Wirklichkeit veränderten Form.[8]

So folgt auf den Arbeitsschritt, in dem das Hauptgewicht auf der Ermittlung des „generativen Themas" liegt, ein zweiter Schritt, in dem das erkenntnistheoretische und bildende Element Vorrang besitzt. Daraus wird gleichzeitig in dem Maße, in dem das Erfassen der Wirklichkeit sich mit dem Erkenntnisakt vertieft, die Ermittlung eines neuen Themas. Somit geht der Inhalt der Bildungsarbeit aus den Landarbeitern selbst und aus ihren Beziehungen zu der Welt hervor und verändert und erweitert sich so, wie diese Welt sich ihnen immer weiter offenbart.

Die „Forschungszirkel" setzen sich in „Kulturzirkeln" fort, diese wiederum machen neue Bildungsinhalte verschiedener Ebenen erforderlich und damit neue Themenerforschungen.

Diese Dialektik[9] erzeugt eine Dynamik, die das statische Element der naiven Bildungskonzeption als reines übertragen von „Kenntnissen" überwindet.

Deshalb muß die darauf basierende Bildungsarbeit das genaue Gegenteil jener sein, die sich mit den von einem ihrer Pole ausgewählten Inhalten rein extensiv beschäftigt.

Technische Hilfe ist zwar in jedem Bereich unbedingt notwendig, besitzt aber nur dann Wert, wenn sie auf einem Programm basiert, das aus der Ermittlung des „generativen Themas" des Volkes hervorgeht und weit über technisches Training hinausreicht.

Technische Ausbildung ist mehr als Training, denn sie ist Suche nach Erkenntnis, Aneignung der Verfahren. Sie kann niemals auf „Dressur" reduziert werden, denn Ausbildung vollzieht sich nur im Bereich des Menschen.

Wir stellten bereits fest, daß der Mensch, im Gegensatz zum Tier, dessen Aktivität es selbst ist, die Fähigkeit besitzt, nicht nur

8 Zu Wahrnehmungsveränderung und *strukturellen Veränderung* siehe Paulo Freire, O papel do trabalhador social no processo de transformação, S. 37-41 (Anm. 12).

9 Siehe hierzu José Luis Flori, Dialectica e liberdade: duas dimensões da pesquisa temática, ICIRA, Santiago 1968.

über sich selbst, sondern auch über sein Handeln, das sich ebenso wie das Produkt seines Handelns von ihm löst, zu reflektieren.

Technische Hilfe, mit der, damit sie zu echter Hilfe wird, auch Ausbildung praktiziert wird, kann nur in der Praxis, in der Aktion, in der Reflexion und im kritischen Verstehen dessen, was die eigentliche Technik impliziert, verwirklicht werden. Technische Ausbildung ist keine Dressur von Tieren und kann niemals von den Lebensbedingungen, den kulturell bedingten Anschauungen und dem Glauben der Landarbeiter getrennt werden. Sie muß von der Ebene ausgehen, auf der diese sich befinden, und nicht von der, auf der sie nach Meinung des Agronomen stehen müßten.

Durch die Herausforderung, über das Wie und Warum ihrer spezifischen Daseinsform, der ihre technischen Verfahrensweisen entsprechen, ebenso zu reflektieren wie darüber, wie und warum sie dieses oder jenes technische Verfahren austauschen können, eignen sie sich allmählich echte Fähigkeiten an.

Da ist jedoch noch ein anderer Gesichtspunkt zu klären.

Angenommen, es gäbe in einem bestimmten Gebiet mehrere Gruppen von Landarbeitern, die bereit wären, an einem Projekt für technische Ausbildung teilzunehmen, und deren „thematisches Universum“ wir bereits kennen: Was ist dann zu tun, und wie müssen wir vorgehen?

Die „Behandlung“ der ermittelten Thematik sieht die „Reduzierung“ und die „Kodierung“ der Themen[10] – die zusammen das Programm bilden müssen – als Struktur vor, d.h. als ein System von Beziehungen, in dem ein Thema notwendigerweise zu anderen hinführt, die sich alle miteinander zu Einheiten und Sub-Einheiten des Programms verknüpfen.

Die thematischen „Kodierungen“ repräsentieren existentielle Situationen, z.B. die Arbeit auf dem Felde, wobei die Landarbeiter vielleicht ein wenig effizientes Verfahren anwenden, oder Situationen, die bestimmte Szenen darstellen, die anscheinend nichts mit technischer Arbeit zu tun haben und dennoch in Beziehung dazu stehen etc.

10 Siehe hierzu Paulo Freire, Pädagogik der Unterdrückten, Stuttgart 1971.

Vor eine pädagogische „Kodierung“[11] (Problemsituation) gestellt, die, wie gesagt, eine gegebene existentielle Situation repräsentiert, setzen die Subjekte als Gesprächspartner sich mit dieser auseinander und suchen im Dialog die Bedeutung ihres Sinnes zu erfassen.

Da dies eine Erkenntnissituation ist, deren Erkenntnisobjekt in der darin dargestellten existentiellen Situation besteht, ist es nicht die Aufgabe des Lehrers, den Schülern (Landarbeitern) zu sagen, was er vielleicht von der Wirklichkeit oder der darin enthaltenen technischen Dimension weiß.

Seine Aufgabe besteht vielmehr darin, die Landarbeiter herauszufordern, immer tiefer in die Bedeutung des thematischen Inhaltes einzudringen, vor den sie gestellt sind.

Wenn die Kodierung eine existentielle Situation repräsentiert, eine Situation also, die die Landarbeiter selbst erlebt haben und die sie, als sie sie erlebten, entweder nicht „er-schauten“ oder, falls sie sie „er-schauten“, sie sie nur einfach bemerkten, dann erlaubt ihnen die „Dekodierung“ als Erkenntnisakt, das, was sie vorher „er-schauten“ oder auch nicht „er-schauten“, von neuem zu „er-schauen“.

---

11 Pädagogische Kodierung unterscheidet sich von der propagandistischen, weil

a) das Kernstück der pädagogischen Kodierung deren weitgefaßte Bedeutung ist, die in einer Vielzahl von Informationen zum Ausdruck kommt, während die propagandistische Kodierung sich auf eine einzige, festumrissene Bedeutung konzentriert, aufbauend auf einer Reihe von „Indikatoren“ die alle in eine einzige, nämlich die von der Propaganda gewünschte Richtung weisen;

b) die pädagogische Kodierung Problemcharakter besitzt und ihre Dekodierung im Dialog zwischen Lehrenden-Lernenden und Lernenden-Lehrenden impliziert, während die propagandistische Kodierung gerade aufgrund des singulären Charakters ihres „verkündenden“ Kerns nur eine einzige Dekodierung zuläßt. Eine propagandistische Kodierung werden zwei Millionen Menschen auf die gleiche Weise dekodieren, wenn nicht, ist sie schlecht gemacht;

c) in der pädagogischen Kodierung echte Kommunikation, nämlich Interkommunikation stattfindet. Die propagandistische Kodierung arbeitet mit Mitteilungen (communiqués). Die eine macht kritisch, die andere naiv (von „Naivität“ als eine Ebene der Wirklichkeitswahrnehmung).

Die Dekodierung ist somit ein dialektisches Moment, in dem alle Beteiligten in ihrer gemeinsamen Auseinandersetzung mit der sie herausfordernden Kodierung in ihrem Bewußtsein ihre Reflexionskraft im „Er-schauen" des „Er-schauten" von neuem zu entwickeln, so daß die Dekodierung zu einer Art des „Wieder-er-schauens" wird. Durch dieses „Wieder-er-schauen" erkennen die Landarbeiter sich als Wesen, die die Welt verändern.

Wenn vorher das Fällen eines Baumes, ihn in Stücke zu sägen, in Bretter zu verwandeln und daraus Tische und Stühle zu bauen, nur wenig mehr als die eigentliche physische Arbeit bedeutete, dann gewinnen diese Handlungen im „Wieder-er-schauen" ihre richtige Bedeutung: die Bedeutung der Praxis. Der Tisch und die Stühle werden nie mehr nur einfach Tisch und Stühle sein, sie sind nun mehr: sie sind Produkte der Arbeit. Wenn es darum ginge, sie besser zu machen, müßte diese Erkenntnis am Anfang stehen.

Dem Anschein nach beginnt die Dekodierung damit, daß die Schüler die Einzelelemente der Kodierung als Bestandteil des Ganzen beschreiben, in Wirklichkeit jedoch geht dem noch ein Schritt voraus: Der Moment, in dem das auf die Kodierung gerichtete Bewußtsein diese als ein Ganzes begreift.

Das „Er-schauen" vollzieht sich also in jenem Moment, in dem das Bewußtsein (oder der bewußte Mensch) sich in Beziehung zum Objekt seiner Intension setzt.

Die deskriptive Phase ist bereits der zweite Schritt: die Aufspaltung der „er-schauten" Totalität. Bei dieser Aufspaltung, mit der das Erfassen der Totalität nicht endet, verhält das Subjekt sich so, als ob es die Wirklichkeit von innen her betrachtet.

Mit dem dritten Schritt kehrt das Subjekt zusammen mit anderen zum vorherigen „Er-schauen" zurück, indem es die kodierte Situation in ihrer Totalität erfaßt.

So bereitet es sich darauf vor, die Situation als eine Struktur zu begreifen, in der die verschiedenen Bestandteile in enger Beziehung zueinander stehen.

Mit fortschreitender Vertiefung dieser kritischen Wahrnehmung, in der es dann auch nicht mehr möglich ist, ausschnittartige Erklärungen der Wirklichkeit zu akzeptieren, faßt schließlich der vierte Dekodierungsschritt Fuß.[12]

Das Subjekt vollzieht jetzt die kritische Analyse dessen, was die Kodierung darstellt, und da ihr Inhalt Ausdruck der Wirklichkeit selbst ist, kommt es zur kritischen Auseinandersetzung mit eben dieser Wirklichkeit.

Alle diese hier erwähnten Schritte, die keineswegs so klar von einander abzugrenzen sind, wie es den Anschein haben mag, sind, Bestandteile des Prozesses der conscientização, der es den Menschen ermöglicht, sich kritisch in die Wirklichkeit einzufügen.

Bildung, die nicht den Versuch unternimmt, dies zu erreichen, und die im Gegenteil daran festhält, Mitteilungen zu machen und technische Inhalte zu extendieren, kann ihr unmenschliches Antlitz nicht verbergen.

Als Lehrer tätige Agronomen, deren Arbeit ihnen die technische Ausbildung von Landarbeitern abverlangt – wir sagten es bereits, aber es ist gut, es noch einmal zu wiederholen –, müssen diese als wirklichen Erkenntnisprozeß sehen. Sie können technische Ausbildung ebensowenig um ihrer selbst willen wie einzig und allein als Instrument zur Produktionssteigerung betreiben, die – daran besteht nicht der geringste Zweifel – unbedingt notwendig ist.

Gleichzeitig mit der besseren Instrumentierung zur Produktionssteigerung, die ein soziales Phänomen ist, muß die technische Ausbildung als Prozeß, der sie ist, zum Gegenteil der Reflexion der Landarbeiter werden; zum Gegenstand einer Reflexion, die diese erkennen läßt, in welchem Beziehungszusammenhang ihre Ausbildung steht.

Sieht man die Dinge kritischer und mit stärkerem Geschichtsbewußtsein, so wird klar, daß gerade deshalb in Lateinamerika wie allgemein in der Dritten Welt nicht nur die technische Ausbildung, sondern jede Art von Volksbildung im Rahmen der Agrarreform oder anderer Projekte eng verbunden sein muß mit diesem Bemühen, dem einfachen Mann die Möglichkeit zu geben, sich selbst als Menschen zu erkennen, dem es verwehrt ist, Mensch zu sein.

---

12 Siehe José Luis Fiori, Dialectica e liberdade; duas dimensiões da pesquisa temática.

Chilenische Lehrer, die in ihrer Arbeit mit den Landarbeitern eine solche Bildungskonzeption in die Praxis umsetzten, wiederholten in ihren Berichten nicht selten Äußerungen der Landarbeiter wie z.B. folgende:

„Zwischen Mensch und Tier gibt es überhaupt keinen Unterschied; und wenn es einen gibt, dann ist das Tier besser dran, denn es besitzt mehr Freiheit als wir ..."

Wir haben nicht wenige Male von thematischer Kodierung gesprochen und den Leser dabei auf eine von uns verfaßte Arbeit verwiesen, die bei verschiedenen Gelegenheiten bereits zitiert wurde.

Als Kodierung, mit der eine existentielle Situation dargestellt wird, deren Inhalt zum zentralen Thema der Analyse hinführt, kann ein Photo oder eine Zeichnung dieser Situation ebensogut wie ein Plakat benutzt werden. Das Objekt, das die Kodierung darstellt – Photo, Zeichnung oder Plakat –, dient jedoch nur als Stütze.

Eine visuelle Stütze ist eine visuelle Stütze und weiter nichts. Sie kann sowohl als wirksames Hilfsmittel für die „Dressur" benutzt werden als auch befreienden Zwecken dienen. Deshalb haben wir uns in diesem Essay stets darum bemüht, die Prinzipien und Grundlagen zu betonen, auf denen Bildung als Praxis der Freiheit aufbauen muß.

Das wichtigste ist deshalb, daß der als Lehrer tätige Agronom weiß, daß alle ihm zur Verfügung stehenden Hilfsmittel, gleich welcher Art, nur dann gerechtfertigt sind, wenn sie für eine befreiende Tätigkeit verwendet werden; für eine Tätigkeit, deren eines Subjekt er selbst ist und die von ihm etwas Fundamentales verlangt: sich selbst die Frage zu stellen, ob er wirklich an das Volk, an die einfachen Leute, an die Landarbeiter glaubt. Ob er wirklich dazu fähig ist, mit ihnen zu kommunizieren und mit ihnen zusammen über die Welt zu „urteilen". Ist er unfähig, an die Landarbeiter zu glauben und mit ihnen zu kommunizieren, wird er seine Arbeit bestenfalls als kühler Techniker verrichten; wahrscheinlich wird er ein Technizist sein oder sogar ein guter Reformer, niemals aber ein Lehrer radikaler Veränderungen.

Der Schweizer Journalist Alexander J. Seiler befragt Paulo Freire, ob und wie sich Erfahrungen mit erfolgreich durchgeführten befreiungspädagogischen Bildungskonzepten, wie sie in der sog. Dritten Welt stattfinden, auf die „entwickelte" Erste Welt übertragen lassen. In seinen Antworten nimmt Freire auch Klärungen von Begriffen und Theoremen seiner eigenen Befreiungspädagogik vor. Anschaulich erläutert er, wie eine „conscientização" (aufklärende Bewusstseinsbildung) in Westeuropa und Nordamerika ansetzen könnte.

Paulo Freire

Eine Welt* (1972)

Auch in der Industriegesellschaft gibt es eine Dritte Welt

Alexander J. Seiler: Herr Professor Freire, in unserem Land, in Europa, in der ganzen industriellen Welt des Westens ist im Lauf der letzten fünf Jahre eine tiefe und umfassende Krise von Erziehung und Bildung manifest geworden von der Vorschulerziehung über Volks- und Mittelschule bis zu den Berufsschulen und Universitäten. Es scheint mir bezeichnend für die Tiefe dieser Krise, daß sich auf der Suche nach Wegen, die aus ihr herausführen könnten, die Aufmerksamkeit in jüngster Zeit verlagert hat. Nicht mehr Impulse aus unserer eigenen bildungs- und erziehungsprivilegierten Welt stehen im Vordergrund, sondern solche aus sogenannten unterentwickelten Gegenden, aus den Gettos der Erniedrigten und Beleidigten, der Unterdrückten und Sprachlosen. Ich denke an die Schülerschule des Don Milani im entvölkerten Nordgebiet von Barbiana, an die Erfahrungen von Herbert Kohl, Jonathan Kozol und anderen in den Negerslums von New York und Boston – ich denke aber auch und vor allem an Sie

* Quelle: Alexander J. Seiler, „Auch in der Industriegesellschaft gibt es eine Dritte Welt. Ein Gespräch mit dem brasilianischen Pädagogen Paulo Freire". Tagesanzeiger-Magazin, Zürich, 12.2.1972, S. 25-32. © Alexander J. Seiler, Zürich.

und Ihren Freund Ivan Illich. Von Illich kommt uns aus Mexiko der radikale Gedanke der „Entschulung der Gesellschaft" zu, einer Entinstitutionalisierung und Entisolierung der Schule, einer neuen Integration der Lehr- und Lernprozesse in die übrigen Lebensbereiche der Gesellschaft. Sie selber haben in Brasilien und später in Chile ganz neue Methoden der Erwachsenenbildung entwickelt: Alphabetisierung, also das Lernen von Lesen und Schreiben, nicht als Beibringen einer Fertigkeit, sondern gleichsam als Begleiterscheinung, als Nebenprodukt dessen, was Sie mit „conscientização", mit Bewußtmachung, bewußtem Erleben und Erkennen der Zusammenhänge in einer entfremdeten Wirklichkeit, bezeichnen.

Seit 1969 nun leben und wirken Sie nicht mehr in der Dritten Weit Lateinamerikas, sondern in unserer industrialisierten, „entwickelten" Ersten Welt. Haben Sie den Eindruck, daß Ihre Erfahrungen, Ihre Lehre sich auf unsere Situation übertragen lassen und zu einer Erneuerung unseres Begriffs und unserer Praxis von Erziehung und Bildung beitragen können.

Paulo Freire: Das ist eine gute Frage. Nicht nur in Europa, auch in den Vereinigten Staaten, aber doch vor allem in Europa mache ich immer wieder die Erfahrung, daß mein Grundbegriff der „conscientização" mißverstanden wird. Ich spreche darüber in Deutschland, Frankreich, der Schweiz, in England und Holland, und überall sagen die Leute – nicht alle, gewiß –: Das ist sehr schön, sehr interessant, aber eben doch etwas Besonderes, Spezielles, das der Wirklichkeit der Dritten Welt und nicht der unseren entspricht. Und eben das ist nicht wahr. Der Prozeß der „conscientização", der Konszientisation oder Bewußtmachung, ist in erster Linie ein menschlicher Prozeß und darum keineswegs auf die Dritte Welt, auf Lateinamerika, Afrika oder Asien beschränkt. Darum ist es jetzt eines meiner Hauptanliegen, den Begriff so zu bestimmen, zu präzisieren, daß er nicht mehr mißverstanden werden kann, weder in Europa und den Vereinigten Staaten noch in Lateinamerika selber, wo es auch Mißverständnisse gibt, freilich andere.

Zu Beginn unseres Gesprächs möchte ich folgende Aspekte herausgreifen: Erstens, wie ich schon sagte, ist „conscientização" für viele Europäer etwas, was sich auf ihre Verhältnisse nicht anwenden läßt. Zweitens kann man in Lateinamerika wie auch in Europa und den Vereinigten Staaten die Tendenz feststellen, den Prozeß der Konszientisation gleichsam als etwas Magisches aufzufassen, und darum bin ich gegenwärtig bemüht, ihn zu entmystifizieren. Für viele Leute ist Konszientisation nämlich eine Art magisches Instrument, mit dem sich soziale Probleme lösen lassen. Das ist ein idealistischer Standpunkt – im philosophischen Sinn von Idealismus –; er setzt voraus, daß Bewußtsein Wirklichkeit schafft, und wenn es das Bewußtsein ist, das die konkrete Welt, die konkrete Wirklichkeit schafft, dann kann es die konkrete Wirklichkeit auch aus eigener Kraft verändern. Oder umgekehrt ausgedrückt: Die Veränderung der Wirklichkeit könnte durch bloße Veränderung des Bewußtseins herbeigeführt werden. Das habe ich nie gesagt und nie geschrieben. Trotzdem behaupten viele Leute, ich hätte es gesagt, oder solche, die es ihrerseits sagen, berufen sich auf mich. Das ist absurd.

Ich gebe zu, daß ich vor vielen Jahren, am Anfang meiner Tätigkeit, meine idealistischen Augenblicke hatte. Das ist in der Arbeit mit Menschen fast unvermeidlich: Man kann vorübergehend ebenso gut in eine idealistische wie in eine objektivistische Betrachtungsweise verfallen. Gleichwohl kann ich auch in meinen frühesten Schriften nirgends eine Aussage finden, aus der sich schließen ließe, daß Bewußtsein Wirklichkeit schafft. Aber das Mißverständnis existiert, vor allem in Lateinamerika, und so schreibe ich jetzt ständig darüber und stelle klar, daß Konszientisation für mich etwas ist, was außerhalb einer gesellschaftlichen und historischen Praxis überhaupt nicht verstanden werden kann. Von einem idealistischen Standpunkt aus kann Konszientisation nicht verstanden werden.

Auf der Gegenseite der idealistischen haben wir aber auch die objektivistischen Irrtümer zu überwinden, nach denen das Bewußtsein eine bloße Spiegelung der Wirklichkeit wäre, ohne jede Möglichkeit, die Wirklichkeit kritisch zu reflektieren. Was Konszientisation wirklich ist, kann nur dialektisch verstanden werden, das heißt, wir müssen die dialektischen Beziehungen zwischen den Menschen und der Wirklichkeit verstehen, die durch die Menschen verändert wird und deren Veränderung wiederum die Menschen verändert. Ohne die Wahrnehmung dieser Beziehung kann der Prozeß der Konszientisation unmöglich verstanden werden. Aber wenn wir von ihr ausgehen, dann verstehen wir auch, daß der Prozeß der Konszientisation eine kritische Bestimmung unseres historischen Standorts bedingt, durch die wir die wirklichen Ursachen der Fakten zu erkennen suchen, in die wir verstrickt sind. Mit anderen Worten: Der Prozeß der Konszientisation, der mehr ist als eine bloße „prise de consience", enthält in sich eine kritische Erkenntnis der Rolle, die wir selber in der Geschichte zu spielen haben – es heißt, daß wir die Geschichte allmählich selber in die Hand nehmen, um sie zu machen und von ihr gemacht zu werden. Und das ist selbstverständlich nicht nur ein Prozeß für die unterentwickelten Kulturen, es ist ein menschlicher Prozeß, und wenn wir die Geschichte betrachten, können wir mit Leichtigkeit eine ganze Reihe von verschiedenen Augenblicken entdecken, in denen sich Konszientisation vollzog – unter einer anderen Bezeichnung natürlich.

Die Kultur des Schweigens und die Kultur des Lärms

Seiler: In Ihrer „Pädagogik der Unterdrückten" ist mir aufgefallen, daß Sie immer wieder den Doppelcharakter dessen betonen, was Sie unter „Praxis" verstehen: nicht nur Aktion, sondern ...

Freire: ... Aktion und Reflexion ...

Seiler: ... die Verbindung von Aktion und Reflexion. Und hier liegt für uns eine besondere Schwierigkeit. Sie sprechen mit bezug auf die Unterdrückten in Lateinamerika von einer „Kultur des Schweigens", bei uns dagegen äußert sich die Unterdrückung als eine Kultur des Lärms. Sie haben es mit Menschen zu tun, die in jeder Hinsicht Not leiden, bei uns ich rede vom Industriearbeiter in der Schweiz, in Skandinavien, in Holland und in Westdeutschland – geht es nicht so sehr um materielle als um eine geistig-seelische, eine bewußtseinsmäßige Not, die von den Betroffenen als solche gar nicht realisiert wird. Ihre Schüler mußten das Alphabet erlernen, sie waren entfremdet, weil sie nicht lesen und schreiben konnten. Unsere Arbeiterschaft ist gerade insofern entfremdet, als sie sich nicht für entfremdet hält: Sie hat sich an das angepaßt und das absorbiert, was sie als bürgerliche Kultur, bürgerliche Bildung hochhält. Das gilt ganz besonders für die Schweiz; wir Schweizer sind kolossal stolz auf unsere Volksschulen, unser Schulsystem überhaupt – unser „Bildungswesen", wie wir es nennen. Und eben hier liegt unser Problem: Wir haben keine Analphabeten, die wir alphabetisieren müßten, aber wir haben ein Volk, das in einem überholten und doch äußerst starken, äußerst gut organisierten Schulsystem, in der „Bankierserziehung", aufgewachsen und befangen ist. Illichs „Entschulung" kommt für die Dritte Welt in einem Augenblick, da es für sie lediglich darum geht, die Nachahmung der Bankierserziehung zu verhindern und statt ihrer, statt eines „Schulsystems" überhaupt, etwas Neues, Eigenes aufzubauen. Wir dagegen haben ein Schulsystem, in dem schon die Volksschüler von ihren Lehrern „besessen" sind, und eben darum ist es so ungeheuer schwierig zu ändern. Aber vielleicht wissen Sie einen Weg?

Freire: Zunächst einmal: die „Kultur des Schweigens", von der ich in der „Pädagogik" und anderswo rede, ist die Kultur der Abhängigkeit, in der die beherrschte, die unterdrückte Klasse sich nicht ausdrücken kann. Daß Sie die Kultur der industrialisierten Welt als „Kultur des Lärms" bezeichnen, ist sehr interessant, denn es heißt nichts anderes, als daß die Kultur des Schweigens in einem bestimmten Augenblick dialektisch in die Kultur des Lärms umschlägt. Lärm schlagen: Das heißt nicht reden können im eigentlichen Sinn dieses Wortes. Lärm besteht aus den Worten, die wir nicht richtig sagen können, weil uns die historische Praxis fehlt. Lärm ist der Anschein, eine Stimme zu haben, aber solange wir bloß Lärm machen, haben wir keine Stimme. In diesem Sinn ist die Kultur des Lärms eine Dimension der Kultur des Schweigens. Und in diesem Sinn gibt es in der sogenannten Ersten Welt die Kultur des Schweigens so gut wie die Kultur des Lärms. Der Begriff der Dritten Welt, ich habe es immer wieder gesagt, ist kein geographischer. Die Dritte Welt ist die der Abhängigkeit, des Schweigens, und die Beziehung zwischen der Ersten und Dritten Welt ist eine dialektische: Es gibt eine Dritte

Welt innerhalb der Ersten so gut wie die Erste Welt innerhalb der Dritten. Es ist sehr leicht, die Dritte Welt in Europa zu finden!

Ohne Veränderung der Gesellschaft keine neue Erziehung

Aber Ihre Hauptfrage war die, wie das System der Bankiererziehung zu brechen und statt seiner ein neues Erziehungssystem zu schaffen sei, in dem wir für die Befreiung, die Humanisierung des Menschen zu arbeiten beginnen können. Das ist unmöglich, bevor die Gesellschaft als Ganzes sich ändert! Eben weil das Erziehungssystem zum Überbau gehört und wir den Überbau nicht radikal, nicht von der Wurzel her verändern können ohne gleichzeitige Veränderung des Unterbaus, aus dem der Überbau entsteht oder in dem er sich konstituiert. Freilich können wir diesen Wandlungsprozeß auch nicht in einem mechanistischen Sinn verstehen. Durch die bloße Veränderung des Unterbaus bekommen wir nicht automatisch auch eine Veränderung des Überbaus. In diesem Sinn ist zu verstehen, was der französische marxistische Philosoph Louis Althusser die „Dialektik der Überdetermination" („dialectique de la surdétermination") nennt: Indem oder obwohl der Überbau im Unterbau konstituiert wird, übt er auf ihn einen Einfluß aus. Bevor sich die Gesellschaft in dieser Art verändert, können wir im Erziehungssystem lediglich Reformen herbeiführen. Dabei will ich nicht sagen, daß Reformen immer nur auf die Erhaltung des Systems hinauslaufen. Natürlich ist es im allgemeinen so, daß sich das System reformiert, um sich selber zu erhalten, aber historisch gesehen können Reformen andere Reformen auslösen, und so kommt es im historischen Prozeß manchmal vor, daß Reformen über die Interessen derjenigen hinauswachsen, die sie gemacht haben. Aber ohne Veränderung der Gesellschaft im ganzen gibt es im Erziehungssystem letzten Endes bloß gewisse Modifikationen. Wir können zum Beispiel zu liberalen, zu modernen Erziehern werden – viele Leute in Europa und den Vereinigten Staaten halten mich dafür, aber ich bin es nicht. Ich will mehr als das. Für einen liberalen Erzieher ist es zum Beispiel wichtig, die materiellen Mittel zu verändern, damit die Schüler besser lernen können. Liberale Erziehung, Erziehung zur Freiheit erschöpft sich für gewisse liberale Erzieher darin, die Schüler von der Wandtafel zu befreien und ihnen statt dessen Diaprojektoren zu verschaffen.

Seiler: Oder die Schulbänke nicht mehr in Reihen, sondern im Kreis aufzustellen, also den Frontalunterricht abzuschaffen, und damit meint man das gesamte System zu ändern. Und dann sollen die Schüler in Gruppen arbeiten, und der Lehrer hält ihnen einen einstündigen Vortrag über Gruppenarbeit und ist überzeugt, daß er Initiative und Unabhängigkeit seiner Schüler ungemein fördert, indem er ihnen ganz genau sagt, wie sie Gruppenarbeit zu betreiben haben.

Freire: So ist es. Aber obwohl mich manche Leute für einen Erzieher dieser Art halten, ist mein Anliegen ein ganz anderes. Wenn ich zum Beispiel sage, daß die Erziehung zur Befreiung ein Akt der Erkenntnis und gleichzeitig eine Methode der wirklichkeitsverändernden Aktion sein muß, so versuche ich damit den totalen Gegensatz zwischen diesem Erziehungsbegriff und dem andern zu demonstrieren, den ich als Erziehung zur Domestikation, zur Anpassung, zur Beherrschung betrachte und der nichts anderes als eine Übermittlung von Wissen, von bereits vorhandenem Wissen ist. Und ich meine, daß sehr, sehr viele angeblich liberale und moderne Erzieher gar nichts anderes suchen als neue Methoden, mit denen sich diese Übermittlung besser bewerkstelligen läßt. Zugleich aber bleibt Erziehung für sie eine reine Frage der Information und der Mittel, die Köpfe ihrer Schüler mit ihrer eigenen Ideologie zu füllen, die sie als Wissen bezeichnen. Und eben weil es sich um Ideologie handelt, versichern sie in einem fort, Erziehung sei wertfrei, Wissenschaft sei wertfrei, Technologie sei wertfrei und so weiter.

Seiler: In Ihrem Buch wird eines sehr klar, was in unserem Erziehungssystem grundlegend falsch ist: daß nämlich der Schüler als Objekt und nicht als Subjekt behandelt wird. Und gerade in dieser Beziehung sind die Dinge bei uns ungeheuer schwierig zu ändern. In unserer industrialisierten Welt ist die „Objektivierung", die Verdinglichung, des Menschen zwar weniger grausam, weniger physisch grausam als in der Dritten Welt, aber sie sitzt vielleicht gerade deshalb tiefer, inwendiger. Trotz allem Elan und Enthusiasmus der Intellektuellen und Studenten erreichte die Befreiungsbewegung von 1968 die Arbeiter, genauer: die Lohnabhängigen nicht, und unser politisches Problem heißt nach wie vor: Wie erreichen wir sie? Es ist ein Erziehungs-, ein Bildungsproblem, und nachdem die sozialdemokratische und gewerkschaftliche Tradition der Erwachsenenbildung längst im bürgerlichen Sand verlaufen ist, wäre es von größter Wichtigkeit, für unsere Wirklichkeit ähnliche Methoden zu entwickeln wie diejenigen, mit denen Sie bei den Landarbeitern des brasilianischen Nordostens und Chiles den Prozeß der Konszientisation auszulösen vermochten. Aber unsere Welt ist so komplex, der Lärm so groß und die Überflutung mit sogenannter Information so enorm, daß die Hindernisse fast unüberwindlich scheinen.

Die Entfremdung des Alltags

Freire: Eben jetzt schreibe ich, nein, wollte ich einen kleinen Aufsatz über die Hindernisse schreiben, die sich in einer industrialisierten Gesellschaft dem Konszientisationsprozeß entgegenstellen. Und weil das eines der zentralen Probleme ist, die mich beschäftigen, beschloß ich nach etwa fünfzig Seiten, einen ausgewachsenen Essay daraus zu machen. Und noch diesen Monat werde ich in Paris an einem Seminar teilnehmen, um gemeinsam mit einigen Europäern Wege für eine Konszientisationsarbeit in komplexen Gesellschaften wie den meisten europäischen zu suchen. Dasselbe Thema beschäftigt uns in den Vereinigten Staaten. Noch vor zehn Tagen war ich in Cambridge, Massachusetts, um mit amerikanischen Sozialwissenschaftlern Möglichkeiten zu diskutieren, wie man die Komplexität einer technologischen Gesellschaft wie der amerikanischen und vieler europäischer im Sinne der Konszientisation angehen könnte, denn ebendiese Komplexität schafft eine andere Art von Entfremdung als die in der Dritten Welt. Ich möchte sagen: Dort haben wir Komplexität unter dem Anschein des Einfachen, und hier haben wir die Komplexität des Komplexen. Ich weiß nicht, ob ich mich klar ausdrücke. Mit anderen Worten: Wir haben verschiedene Ebenen von Komplexität. Auch in der Dritten Welt ist es nicht leicht, die Menschen herauszufordern, jedenfalls nicht so leicht, wie wir oft meinen. In dem Augenblick, da diese Menschen aus ihrem kulturellen Schweigen emportauchen, sind sie gänzlich geprägt von ihrer historischen Erfahrung ebendieses Schweigens und unfähig, sich von dieser Erfahrung so weit zu lösen, daß sie sie zu erkennen vermöchten. Aber wenn Sie die Situation hier in Europa oder den Vereinigten Staaten betrachten, dann entdecken Sie einen anderen Aspekt, eine andere Seite des nämlichen Problems: die Schwierigkeit nämlich, uns in einer komplexen Gesellschaft von unserem bloßen Dasein in dieser Welt so weit zu lösen, daß wir auch erkennen können, was wir eigentlich sind. Mit anderen Worten: Wir sind eingetaucht in die Entfremdung des Alltags, und der Alltag, das tägliche Leben übt auf uns einen so starken Druck aus, daß wir nicht fähig sind, die eigentlichen Ursachen ebendieser Alltäglichkeit wahrzunehmen.

Die Entfremdung hier und dort ist eine verschiedene. Was wir in den komplexen Gesellschaften haben, nenne ich „Rationalismus" – in Anführungszeichen natürlich – im Gegensatz zum Magismus der Dritten Welt.

Seiler: Es gibt allerdings auch einen Magismus des Rationalismus, denn der Rationalismus kann dialektisch in eine Art neuer Magie umschlagen.

Freire: Gewiß, gewiß. Darum haben wir ja im Rationalismus oder im rationalen Bewußtsein ein Überwiegen von Mythen. So ist die Technologie der neue Gott dieser Gesellschaft. Wir glauben allein an Technologie, an Effizienz, und der Begriff der Effizienz selber, die in einer technologischen Gesellschaft unentbehrlich ist, wird zu einem Mythos. Effizienz ist nicht mehr der Ausdruck schöpferischer Fähigkeit, sondern wird zu einer Forderung, in bestimmten Augenblicken ganz bestimmte Handlungen zu wiederholen, die einem irgendwann einmal befohlen wurden. Effizient ist man also nicht in dem Maß, als man etwas schafft, sondern in dem Maß, als man vorgegebene Anweisungen immer wieder ausführt. Effizient sein heißt nicht kritisch denken, sondern gehorchen. So wird man durch Mythen entfremdet. Und zur Überwindung dieser Entfremdung kann man nicht einfach die Lösungen nach Europa oder den Vereinigten Staaten importieren, die ich in Lateinamerika gefunden habe.

Seiler: Ein Gebiet, das sich bei uns für eine Konszientisation anbietet und zu bewähren beginnt, ist das des Wohnens. In den Wohnungsproblemen scheinen die Menschen ihre Abhängigkeit, ihre scheinbare Ohnmacht am ehesten zu spüren: Wenn die Mieten immer wieder erhöht, wenn Wohnungen in Büros verwandelt oder ganze Wohnquartiere um einer Expreßstraße willen abgebrochen werden. In der Arbeitswelt dagegen sind die Menschen hier noch immer kaum zu erreichen.

Freire: Da haben Sie vermutlich recht. Eines der Hauptmerkmale unserer Gesellschaft ist ja die Angst, die wir haben – die Angst vor der Freiheit, die mein Freund Erich Fromm in seinem ausgezeichneten Buch „Escape from Freedom“[2] beschreibt. Es ist sehr schwierig, Menschen zur Freiheit herauszufordern, die sich vor der Freiheit fürchten. In dieser Hinsicht ist die Art Aktion, die ich verfechte, gleichsam eine historische und kulturelle Psychoanalyse. Wir müssen die Menschen dazu bewegen, sich vor sich selber zu enthüllen, indem wir die Wirklichkeit enthüllen, in der sie sich befinden; und wir sollten uns darüber klar sein, daß dieser Prozeß in dem Maß sehr schmerzhaft ist, als man die Gründe der eigenen Entfremdung zu entdecken beginnt. Der schlimmste Moment kommt noch vorher: wenn man entdeckt, daß man entfremdet ist. Das ist sehr, sehr schwer, denn wir haben die Tendenz, vor dieser Art Wissen zu fliehen. Ich habe noch kein einziges Seminar, keinen einzigen Kurs erlebt, in dessen Verlauf ich nicht von einigen Teilnehmern scharf angegriffen worden wäre.

Die Leute sagen: „Was machen Sie mit uns? Sie manipulieren uns!“ Ich manipuliere nicht, ich stelle bloß Fragen, aber meine Fragen fordern sie dazu heraus, sich zu enthüllen, und das ist, wie gesagt, sehr, sehr schmerzhaft.

2 Das Buch „Escape for Freedom“ erschien erstmalig 1941. Siehe auf deutsch Erich Fromm, Die Furcht vor der Freiheit, München 1990 (Anm. d. Hg.).

Ich glaube also, das Problem in Europa und den Vereinigten Staaten ist dasjenige, die Momente, die Fakten, die Ereignisse zu entdecken, durch welche wir die Menschen dazu bewegen, von ihrem Alltagsleben so viel Abstand zu bekommen, daß sie es kritisch zu reflektieren vermögen.

Seiler: Was ich in diesem Zusammenhang sehr interessant finde, ist Ihre Methode, die Wirklichkeit zunächst in abstrakte Bestandteile zu zerlegen, zu „kodieren", um sie dann von den Schülern „dekodieren", in ihrem vorher verborgenen Zusammenhang wiederherstellen zu lassen. Indem Sie nicht von der unreflektierten und darum verhüllten Wirklichkeit, sondern von einer Abstraktion ausgehen, machen Sie die zu überwindende Entfremdung selber zur Grundlage des Konszientisationsprozesses.

Freire: Ja, ja, ja, ja. Eben jetzt, vor drei Tagen, schrieb ich einen Brief an Freunde in den Vereinigten Staaten, eine Gruppe von Soziologen und Erziehern, die in Cambridge an einem sehr, sehr guten Institut arbeiten. Ich schlug ihnen eine Art Seminar vor und legte ihnen nahe, dafür zwanzig junge Leute einzuladen, die daran interessiert wären, die Komplexität ihrer Gesellschaft zu diskutieren. Statt ihnen ein Programm mit soziologischer, anthropologischer, philosophischer Analyse vorzulegen, sollten sie, sagte ich, mit gar nichts anfangen. Ladet sie einfach ein, und wenn sie einverstanden sind, mit euch über die Komplexität ihrer Gesellschaft nachzudenken, geht mit ihnen auf die Straßen der Agglomeration Cambridge-Boston – nicht unbedingt alle gemeinsam, jeder für sich, jeder mit einer Fotokamera, mit der er Fotos von verschiedenen Augenblicken des Lebens in diesem Gebiet aufnimmt. Eben jetzt, vor zwei Wochen, sah ich in Cambridge etwas äußerst Interessantes. Eine Gruppe von etwa zehn oder fünfzehn schönen jungen Frauen, blonde Haare, blaue Augen, schwarzgekleidet – mitten auf der Straße. Stellen Sie sich vor, Sie überqueren die Straße, und eine von ihnen kommt auf Sie zu und sagt: „Guten Tag, Sir, sind Sie Christ?" Und Sie sagen: „Ja, ich bin Christ." Sie lächelt und sagt: „Dann müssen Sie sich uns anschließen, denn wenn Sie Christ sind, dann wissen Sie sicher, was Christus gesagt hat. Christus hat gesagt: „Liebet eure Feinde." Und der größte Feind Christi ist das Böse. Und wir verfechten die Religion des Bösen. Also müssen Sie sich uns anschließen, denn Sie müssen Ihre Feinde lieben. Bitte kommen Sie mit uns und arbeiten Sie mit uns für die Anwesenheit des Bösen als eine der Möglichkeiten für diese Welt."

Sehen Sie, nur in einer komplexen Gesellschaft wie den Vereinigten Staaten mit dieser Art Entfremdung, dieser Art Verzweiflung ist diese Art von Witz vorstellbar. In Costa Rica, selbst in Brasilien kann ich mir eine solche Bewegung nicht denken. In Kuba, unmöglich! Die Jugend hat dort andere Sorgen. Nichtsdestotrotz hat diese Art von Bewegung in den Vereinigten Staaten historisch vielleicht einen Sinn, und vor allem fordert sie uns dazu heraus, sie innerhalb der Komplexität der Entfremdung dieser Gesellschaft zu verstehen. Und ich sagte in meinem Brief: „Macht Fotos von diesen schönen jungen Frauen, aber macht auch Fotos von Instituten der Harvard University, des Massachusetts Institute of Technology, der Boston University. Macht Fotos vom Prudential Building, einem der größten Gebäude der Agglomeration, und noch viele, viele, viele Fotos von Ereignissen, Augenblicken, Gebäuden, von verschiedenen Dimensionen des Lebens, der Existenz dort, und dann geht mit den Studenten zurück in den Hörsaal und legt all die Fotos auf den Tisch und beginnt zu entdecken, was hinter der Alltäglichkeit steckt, die diese Fotos zeigen – so daß das Prudential Building aufhört, ein bloßer Orientierungspunkt in der Stadt zu sein." Denn was geschieht zum Beispiel, wenn Sie in das Zentrum von Genf gehen: Sie spazieren spontan durch die Straßen, und Ihr Bewußtsein, obwohl es auf die Wirklichkeit gerichtet ist, nimmt Wirklichkeit nicht kritisch wahr. Sie werden überschwemmt von der Alltäglichkeit Ihrer Erfahrung, die zutiefst entfremdend ist. Aber wenn Sie eben jetzt mit einer anderen Perspektive ins Zentrum von Genf gehen, darum bemüht, die Bedeutung der Gebäude, die Bedeutung der Menschen in den Straßen konkret und kritisch wahrzunehmen, dann überwinden Sie Ihre Naivität, die Spontaneität Ihrer Naivität.

Und so fuhr ich in meinem Brief fort: „Ich bin sicher, daß Ihr durch diese Fotos die verschiedenen Ebenen Eurer Naivität entdecken könnt, Eure Ebenen von Naivität und diejenigen der

Studenten, und Ihr werdet wahrnehmen können, daß etwa das Prudential Building nicht für sich existiert und nicht bloß ein Gebäude ist, sondern ein Teil der Welt. Wenn Ihr seine Büros studiert, wenn Ihr es inwendig betrachtet, könnt Ihr leicht die wirtschaftlichen Dimensionen entdecken, die es vom imperialistischen Standpunkt aus hat."

Und ich schrieb weiter: „Das ist derselbe Vorgang, der eben jetzt im Augenblick geschehen könnte, da ich diesen Brief schreibe. Zum Beispiel habe ich jetzt auf meinem Tisch Briefe, Papiere, Fotos meiner Eltern, Kaffeetassen, Bleistifte, Bücher – scheinbar ist mein Tisch etwas Statisches. Nichtsdestoweniger befindet sich darauf ein solcher Reichtum von Dingen, daß sich für eine dialektische Betrachtungsweise daraus Material für ein ganzjähriges Seminar gewinnen ließe. Und was dazukommt: Ich wäre nicht imstande, dieses Seminar zu leiten, denn ich würde ein interdisziplinäres Team benötigen, um allein das zu verstehen, was sich eben jetzt auf meinem Tisch befindet. Letzten Endes habe ich darauf nichts weniger als die Geschichte einer Praxis – vertreten durch scheinbar bedeutungslose Gegenstände." Es gibt also zwei Arten, die Wirklichkeit zu betrachten: eine naive und eine kritisch-dialektische.

Befreiung der Unterdrücker durch die Unterdrückten

Seiler: In der „Pädagogik" sagen Sie, wir könnten nicht für die Unterdrückten arbeiten, wir müßten mit den Unterdrückten arbeiten, und zwar so, daß sie als Befreite nicht selber Unterdrücker werden – daß sie den Unterdrükker, von dem ihr Bewußtsein „behaust" ist, in sich überwinden. Ich glaube, hier liegt ein sehr wichtiger Punkt für die neue Linke in Europa, die eine gewisse Tendenz hat, die Arbeiterklasse zu mystifizieren. Das ist begreiflich, denn die traditionelle Linke – die Sozialdemokratie und die Gewerkschaften – hatte durch ihre Bürokratisierung und Verbürgerlichung nicht nur weitgehend den Kontakt mit der arbeitenden Klasse, sondern vor allem das Bewußtsein von ihr, eben das Klassenbewußtsein, verloren. Anderseits besteht bei der neuen

Linken die Gefahr, daß sie sich den arbeitenden Klassen gerade insofern entfremdet, als sie sie gleichsam zum Ding an sich emporstilisiert. Es wäre also von größter Wichtigkeit, Methoden zu finden, nach denen man mit den Arbeitern arbeiten und ihnen ihre Unterdrückung, die sie als solche nicht realisieren, bewußtmachen könnte – ohne aus ihnen etwas Absolutes zu machen, nach dessen Befreiung am Tag X sämtliche Probleme gelöst wären.

Freire: Ja. Zunächst möchte ich etwas wiederholen, was ich bereits gesagt habe: Wir haben in Lateinamerika genau das gleiche Problem, bloß in anderer Verkleidung. Oder vielmehr: Sie haben hier in einer anderen Form das nämliche Problem wie wir. Ich glaube, eine der zentralen Erscheinungen, die in diesem Zusammenhang dort wie hier analysiert werden müssen, ist das Fehlen eines Klassenbewußtseins. In der komplexen Gesellschaft wie in der „unkomplexen" – in Anführungszeichen! – haben wir aus verschiedenen Gründen dasselbe Problem, dasselbe Phänomen, wenn auch wiederum in sehr verschiedener Erscheinungsform,

Eines sollten die revolutionären Gruppen klar vor Augen haben: Es gibt das Bewußtsein der Klassenbedürfnisse, und es gibt das Klassenbewußtsein, und zwischen beiden ist eine dialektische Kluft, die überwunden werden muß. Um zum Klassenbewußtsein zu gelangen, muß man über das Bewußtsein der Klassenbedürfnisse hinaus gehen. Das ist der Moment: wenn ich erkenne, daß meine existentiellen Probleme, auch wenn sie einenn persönlichen Charakter haben, nicht aus meiner Erfahrung allein verstanden werden können. Mit anderen Worten: wenn ich erkenne, daß meine Existenz ihre Existenz voraussetzt, daß „wir existieren" nicht erklärt wird durch „ich existiere", sondern daß ich umgekehrt nur darum sagen kann: „Ich existiere", weil „wir existieren". Wenn ich entdecke, daß ich zu einer bestimmten Gesellschaftsklasse gehöre, dann erst kann ich in mir gesellschaftliche Verantwortung entwickeln, die stets eine historische ist und die Verantwortung einer Klasse mit einschließt. Dieser Prozeß ist erstens nicht leicht, und zweitens ist es unmöglich, ihn durch Vorträge, Kurse oder Seminare auszulösen – das wäre bloß eine andere Dimension des Idealismus. Gerade jetzt habe ich ein Kapitel für ein Buch geschrieben, in dem sich, sechzig Autoren zu den Beratungen äußern, die der Weltkirchenrat letzten Juli in Peru abhielt. Darin sage ich: „Die Christen müssen die Illusion überwinden, die idealistische Illusion überwinden, daß es möglich sei die Herzen von Männern und Frauen zu ändern, ohne die Wirklichkeit zu verändern, welche die Herzen krank macht."

Hier liegt also ein sehr schwieriges Problem. Die Arbeiter, nicht nur hier, vor allem auch in den Vereinigten Staaten, haben heute in meinen Augen zum allergrößten Teil kein Klassenbewußtsein. Vielleicht täusche ich mich, aber ich glaube es nicht. Sie haben so wenig ein Klassenbewußtsein wie in Lateinamerika die Bauern und ein großer Teil der Arbeiter in den städtischen Zentren. In mancher Hinsicht sind sie im Gegenteil verbürgerlicht. Das ist dialektisch verständlich als Folge der Macht, welche die „Werte" – in Anführungszeichen – dieser Zivilisation über sie ausüben. Die Notwendigkeit zu überleben, die Alltäglichkeit ihrer Erfahrung, die Entfremdung der Serienproduktion, die Chaplin vor vielen Jahren in „Modern Times" so genial dargestellt hat. Es ist sehr schwierig, diese Art von Entfremdung zu überwinden. Ohne Änderung der Strukturen ist es unmöglich. Und das ist ein Problem, das auch die sozialistischen Länder haben.

Seiler: Allerdings. – Das andere Problem, das mir wesentlich scheint, ist das der Gewalt. In der „Pädagogik" sagen Sie, daß die Gewalt niemals von den Unterdrückten, sondern stets von den Unterdrückern ausgeht. Das ist sicher richtig. Aber auch wenn man diese Einsicht vollzogen hat, ist das Problem der Gewalt heute außerordentlich schwierig. Eine Ideologie der unbedingten Gewaltlosigkeit wirkt heute fast unweigerlich systemerhaltend. Auf der anderen Seite führt der revolutionäre Gebrauch von Gewalt zu einer Eruption und Eskalation der latenten Gewalt des Systems.

Die Gewalt kommt immer von den Unterdrückern

Freire: Zunächst glaube ich, daß wir das Problem der Gewalt weder diskutieren noch verstehen können, solange wir Gewalt und Gewaltlosigkeit als metaphysische und nicht als historische

Kategorien auffassen. Wir müssen in erster Linie fragen, um was für eine Gewalt es sich handelt. Wer sind diejenigen, die Gewalt anwenden? Gewalt gegen wen? Gewalt wofür? Gewalt warum? Und in dem Maß, wie wir über Gewalt und Gewaltlosigkeit historisch nachzudenken beginnen, im Hinblick auf konkrete Situationen, können wir auch die wirkliche Bedeutung von Gewalt zu verstehen beginnen. Zum Beispiel werden wir entdecken, daß in bestimmten Gesellschaften Gewalt etwas ist, was seine Erklärung im Wesen des Systems selbst findet, so daß die Praxis der Unterdrücker gar nicht anders sein kann als gewalttätig. Und mit gewalttätig meine ich nicht unbedingt physische Gewalt, Folterungen und so weiter. Ich meine jede Art von Gewalt, die das System nötig hat, um sich selber zu erhalten. Jedenfalls können die Unterdrückten niemals die Urheber von etwas sein, was sie überhaupt erst zu Unterdrückten macht. Als könnte ich der Schöpfer von etwas sein, was mich schafft – der Vater meines Vaters! Nein! Die Gewalt wird niemals von den Unterdrückten ausgelöst.

Zweitens aber: wozu bedarf es der sogenannten Gewalt der Unterdrückten, wenn nicht dazu, der Gewalt ein Ende zu bereiten? Das ist die historische Aufgabe der Unterdrückten, denn die Unterdrücker – nicht als einzelne, aber als Klasse – sind unfähig dazu. Sie können es nur, insoweit sie sich weigern, Unterdrücker zu sein. Auch theologisch kann man das Problem ohne besondere Schwierigkeiten analysieren.

Für mich als Christen ist die Frage der Gewalt jedenfalls keine ethische, sondern nur eine strategische. Kein Geringerer als Thomas von Aquin hat in seiner „Summa theologica“ das Recht auf Auflehnung diskutiert, und was er damals lateinisch „seditio“ nannte, heißt in unserer modernen Sprache Revolution, und das Recht darauf hat Thomas von Aquin verteidigt. Mit gewissen Einschränkungen, gewiß, aber doch klar und deutlich.

Seiler: Zum Schluß eine Journalistenfrage: Wenn in unserem Land der berühmte Mann von der Straße auf Sie zukommt und Sie fragt: „Was kann ich für die Dritte Welt tun?“ – was ist Ihre Antwort?

Freire: Ich würde sagen: Hört auf, uns zu erobern. Fangt an, uns zu verstehen, damit ihr uns lieben könnt. Aber versucht nicht, uns eure Verhaltensweisen, eure Lebensweise aufzudrängen. Was für euch gut ist, ist nicht unbedingt gut für uns. Vielleicht ist vieles von dem, was ihr tut, auch für uns richtig, aber nur, wenn ihr es uns nicht aufdrängt. Achtet uns und versteht uns und begreift, daß unsere Wege nicht dieselben sein können wie eure. Und schließlich – Verhaltet euch uns gegenüber wie ich mich euch gegenüber verhalte. Ich bin nicht als Eroberer in Genf.

Seiler: Dafür haben Sie uns in diesem Gespräch gezeigt, wieviel die Dritte Welt für uns, die Erste, tut. Vielen Dank, Paulo Freire.

Das folgende Interview wurde 1979 geführt, als Paulo Freire noch beim Ökumenischen Rat der Kirchen in Genf tätig war, aber schon seine Rückkehr nach Brasilien für den Anfang des kommenden Jahres plante. Mit dem Stichwort „Medellín" sind die Dokumente der Zweiten Generalversammlung der (katholischen) Lateinamerikanischen Bischofskonferenz (CELAM) gemeint, die vom 24.8.-8.9.1968 in Medellín (Kolumbien) getagt hat. Eines der 16 Dokumente war der Erziehung, ein anderes der Jugend und ein drittes der Katechese gewidmet. In ihnen schlägt sich der Gesamtduktus der Konferenz nieder, nämlich die Entschlossenheit der Bischöfe, eine Kirche zu gestalten, die auf Seiten der Menschen, insbesondere der massenhaft arm gemachten und von den Mächtigen ausgebeuteten, steht. Freire wird nach seiner Einschätzung der praktischen Auswirkung dieser Dokumente befragt sowie nach der Rolle der Theologie und Pastoral der Befreiung in Lateinamerika und seiner Beziehung dazu und zur Ökumene. Im Interview wird andeutungsweise davon gesprochen, dass – 10 Jahre nach Medellín – Verantwortliche in der katholischen Kirche Lateinamerikas gewissermaßen Angst vor ihrer eigenen Courage bekommen haben und den kirchlichen Kurs zurückdrehen möchten – eine Tendenz, die in der Folge immer machtvoller wurde.

Paulo Freire

Erziehung, Bildung und die Kirche* (1979)

Das Engagement der Christen im Befreiungsprozeß Lateinamerikas. Engagement eines christlichen Pädagogen

Der folgende Beitrag ist in Zusammenhang zu sehen mit Paulo Freires früherem ausführlichen Beitrag „Erziehung und Bil-

* Quelle: Interview aus Tempo e Presença: Educação e pratica da liberdade. Reflexões de um educador cristão numa entrevista exclusiva a Tempo e Presença. Tempo e Presença, Rio de Janeiro, Nr. 154, Oktober 1979, S. 3-6. Deutsche Fassung in: Paulo Freire, Der Lehrer ist Politiker und Künstler. Neue Texte zu befreiender Bildungsarbeit, Reinbek: Rowohlt 1981, S. 118-125.

dung, Befreiung und die Kirche", der u. a. in Freires Buch „Erziehung als Praxis der Freiheit", Stuttgart: Kreuz Verlag 1974, S. 139-170 erschien (Taschenbuchausgabe: Reinbek: Rowohlt 1977 rororo sachbuch 7058).

Tempo e Presença: Paulo, wie beurteilst du den pädagogischen Ansatz einer befreienden Erziehung, wie er in Medellín verabschiedet wurde und seitdem durch die pastorale Praxis bereichert wurde? Hilft dieser Ansatz einer befreienden Erziehung deiner Meinung nach der pastoralen Praxis oder ist er durch die pastorale Praxis überholt worden?

Paulo Freire: Ich will versuchen, etwas dazu zu sagen vor dem Hintergrund meiner eigenen Praxis und der Praxis, die mir bekannt ist. Ich gehöre zu denjenigen brasilianischen Pädagogen, die sich bemüht haben und weiterhin darum bemühen werden, ihren möglichen Beitrag zu geben zu einer befreienden Erziehungspraxis, einer Erziehung als Praxis der Freiheit. Wenn ich nicht einen großen historischen Interpretationsfehler mache, hat diese Praxis durch Medellín eine theoretische Durchdringung erfahren. Was in dieser Perspektive der Befreiung – auf dem Gebiet der Erziehung zur Befreiung – gedacht und gemacht wurde, spiegelt sich in den Dokumenten von Medellín wider. Es gab Pädagogen, die an dieser Erfahrung und dieser Praxis einer befreienden Erziehung teilnahmen und auch an der theoretischen Formulierung dieser Praxis und die keinerlei christliche Wurzel oder Motivation besaßen. Bei mir sieht das anders aus: Die pädagogische Praxis als Weg zur Befreiung, der ich mich seit meiner Jugend verschrieben habe, hat viel zu tun mit meiner christlichen Überzeugung. Einmal habe ich in einem Interview gesagt, ich sei als kleiner Junge oft an die Bäche und auf die Hügel von Recife und seiner Umgebung gegangen, weil ich ganz nahe bei Christus sein wollte. Ich ging Seinetwegen dorthin. Als ich dort ankam, verwies mich die erschütternde und herausfordernde Realität des Volkes auf Marx, den ich dann las und studierte. Dabei hörte ich niemals auf, mich mit Christus an den Straßenecken zu treffen. So beginnt die Praxis in meinem persönlichen Fall – wie ich aufgezeigt habe – mit einer christlichen Motivierung und wird in der weiteren Entwicklung Schritt für Schritt politischer. Die Politisierung dieser Praxis oder besser: das Bewußtsein von dem politischen Charakter dieser Praxis hat mich erkennen lassen, daß, so wie ich zu einem Politiker wurde, weil ich Pädagoge bin, ich auch zu einem Politiker wurde, weil ich Christ bin. Ich war zum Volk mit einer christlichen Sichtweise gekommen, die verniedlicht und verharmlost. Ich kam mit einer ziemlich durchsichtigen Botschaft, mit einem ziemlich abstrakten Christentum, mit einer Liebesbereitschaft, die nicht Fleisch wurde. Die Notwendigkeit, diese Liebesbereitschaft Fleisch werden zu lassen, die Entdekkung dieser Notwendigkeit ließ mich mein Christsein anders verstehen. Ich würde nicht sagen, ich sei christlicher geworden als vorher, aber ich erkannte, daß mein Handeln als Christ mich politisierte. Mit anderen Worten, als Christ ist es unmöglich, neutral zu sein. Und als Pädagoge ist es unmöglich, neutral zu sein. Diese Praxis wächst mit anderen, erweitert sich, radikalisiert sich, entwickelt sich, wird bereichert durch die Zusammenarbeit mit vielen. Im Exil geht sie weiter, wächst, erhält neue Anregungen und Begriffe. Einige Aspekte dieser Praxis, die nicht allein meine war, finden sich in den Dokumenten von Medellín wieder. In meinem Verständnis erscheint Medellín als eine Anklage-Ankündigung. Medellín klagt die lateinamerikanische Realität an und verkündet einen Weg der Befreiung. Medellín klagt die Realität der Unterdrückung an und fordert von den Christen ein neues Ostern, ein historisches Ostern, eine wirkliche Veränderung. Ein Sterben, um wiederaufzuerstehen. Hier kommt eine der Dimensionen der Verkündigung von Medellín zum Ausdruck. Puebla nimmt in meiner Sicht diese Ankündigung wieder auf, und obwohl es erscheinen könnte, daß Puebla hinter Medellín zurückgefallen ist, habe ich den Eindruck, daß Puebla sie in vielen Aspekten vorangetrieben hat. Aber vielleicht irre ich mich ...

TP: Enthält dieser Weg nicht Doppeldeutigkeiten, ist es nicht ein ungerader Prozeß?

PF: In der Tat. Es gibt keinen Weg, der nicht seine Doppeldeutigkeiten und Widersprüche hätte. Es gibt keine vollkommene Geradheit. Es gibt Kurven, Hin- und Rückwege, und viele gehen von dem Weg ab. Ich erinnere mich, vor Jahren über die Rolle der Kirchen in Lateinamerika geschrieben und über diesen Weg gesprochen zu haben und von Ostern, wie ich es verstand. Viele von uns schieden aus, bevor sie sich auf den Weg eingelassen hatten, andere gaben mittendrin auf, sehr viele beschreiten den Weg zur Befreiung immer noch, sind immer noch im Befreiungsprozeß engagiert. Es war dieser Weg, der viele neue Beiträge für eine befreiende Erziehung hervorbrachte. Es wäre schade, wenn nach soviel Jahren die Vorschläge für eine befreiende Erziehung die gleichen wären wie zu Anfang. Es gibt einige Punkte und Ziele, die gleich bleiben werden, aber die Art und Weise, sie zu erreichen, ändert sich und wird bereichert durch neue Vorstellungen, Ideen und Wege.

TP: Befruchten die Massen die Kirche?

PF: Die Anwesenheit der Massen in der Kirche bereichert und verändert die Praxis selbst. Die Praxis gewinnt eine neue Dimension, weil sie von der Anwesenheit der Massen bereichert wird. Diese hören auf, ein Aushängeschild für die Kirche zu sein und werden ein Bestandteil der Veränderung. So kommt es, daß eine neue Kirche entsteht. Sie hört auf, Mutter zu sein, um Tochter zu werden.

TP: Wie kommt es, daß manchmal auf dem Weg zur Befreiung, für den die Kirche sich entschieden hat, die Massen – etwa nach der Beseitigung eines Regimes, das von der Kirche bekämpft wurde – schneller voranschreiten als die Kirche, die sich und ihre Herde bedroht glaubt und wieder eine konservative Position einnimmt? Ist es das Risiko der Sehnsucht nach Macht? Ist die Entscheidung für die Freiheit in diesem Sinne keine totale Entscheidung? Oder eben nur eine halbe Entscheidung ... ? Sollte eine Entscheidung nicht alle Konsequenzen auf sich nehmen?

PF: Ich bin davon überzeugt, daß man sich für das, wofür man sich entschieden hat, ganz entscheiden muß. D. h., man trifft eine Entscheidung, die einen immer wieder neu total fordert und herausfordert und die man gleichzeitig nicht unbedingt zu Anfang in ihrer ganzen Tiefe durchschaut haben muß. Zum Beispiel entscheidet man sich oft am Anfang für die Freiheit und ist sich nicht bewußt, wohin überall der Weg führt – als wenn die Befreiung eine Sache wäre und nicht ein Prozeß, als wenn die

Befreiung außerhalb und nicht innerhalb des Prozesses stattfände, als wenn die Befreiung ein Ausgangspunkt oder Endpunkt wäre und nicht ein permanenter Prozeß. Wenn man in einem bestimmten Moment der Befreiung die Freiheit erreicht hat, kann es sein, daß genau diese errungene Freiheit schon kurze Zeit danach von einer neuen Situation der Unfreiheit herausgefordert wird. Deswegen weigere ich mich, über die Freiheit als metaphysische Kategorie zu sprechen. Ich kann sie nur als historische Kategorie verstehen. D. h., die Befreiung ist ständige Suche nach Freiheit. Viele von uns entscheiden sich für die Befreiung, ohne eine klare Vorstellung von der Vorgehensweise, von bestimmten Aspekten des Weges und seinen Implikationen zu haben. Manchmal fürchten wir uns vor dem Weg und geben auf. Daher können sich Sucht nach Macht und Klasseninteressen auf dem Weg einnisten. Ich möchte damit sagen, daß viele von uns sich zu Anfang für die Befreiung eher in einer caritativen Haltung, in einer falschen Großzügigkeit entscheiden als mit dem politischen Ziel der Veränderung einer Realität voller Ungerechtigkeiten. Einige von uns haben sogar Angst vor der konkreten Wirklichkeit einer gerechten Gesellschaft, weil sie dann nicht mehr wissen, wohin mit unserer Caritas.

TP: In diesem Verständnis wäre die Theologie der Befreiung etwas Fertiges – also ob sie schon vollendet wäre. Die Theologie der Befreiung jedoch verwirklicht sich in jedem Moment neu. Verstehen deshalb viele Europäer die Theologie der Befreiung nicht, weil sie keine fertige Sache ist, sondern sich in jeder Situation neu verwirklicht?

PF: Möglicherweise stehen einige Europäer der mangelnden Stringenz der Theologie der Befreiung mißtrauisch und kritisch gegenüber, denn für sie wäre es wichtig, daß sie als geschlossenes System erschiene. Aber das kann man in keiner Weise von der Theologie der Befreiung erwarten. Für mich ist einer der großen Verdienste der Befreiungstheologen Lateinamerikas die Klarheit, mit der sie sehen, daß diese Theologie sich nur in der Praxis verwirklichen konnte: durch Kommen und Gehen, Machen und Neumachen, niemals als etwas Feststehendes. Es ist unmöglich, eine verpackte Theologie der Befreiung zuzulassen.

Sie ist so prozeßhaft und dynamisch wie die soziale Wirklichkeit, mit der sie sich auseinandersetzt.

TP: Was denkst du über die Ökumene und ihre Bedeutung für diesen Weg? Warum denkt man normalerweise an die Annäherung der Kirchen oder die Annäherung der jeweiligen Lehren, wenn man von Ökumene spricht? Wie begreifst du dich in ökumenischer Sicht, der du als Katholik in einer protestantischen und evangelischen Organisation arbeitest?

PF: Ich habe seit meiner Kindheit ökumenisch empfunden und gedacht. Ich erinnere mich z.B., daß ich mit meinen 13 Jahren damals in Jaboatão, 18 km von Recife entfernt, nicht den Streit zwischen Katholiken und Protestanten begriff. Ich wehrte mich innerlich dagegen. Mit 15 oder 16 Jahren hörte ich mehrmals Professor Jerônimo Gueiros in einer protestantischen Kirche predigen. Als katholisches Kind war ich von seiner lebendigen Ausdrucksweise angesprochen; Jerônimo Gueiros beherrschte die portugiesische Sprache ungewöhnlich gut. Mich trieb die Neugier eines jungen Christen. Es interessierte mich nicht, daß ich Katholik war und er Protestant. Meine Mutter, die eine gläubige Katholikin war, wußte davon und hat mich deswegen niemals kritisiert oder ausgefragt. Schon seit meiner Jugend wollte ich nicht den Streit, die Angriffe und Beleidigungen (zwischen den herrschenden Katholiken und den protestantischen Minoritäten) akzeptieren. Später, als ich erwachsen war und von der Ökumene sprechen hörte, hatte ich offengestanden die Befürchtung, daß Ökumene eine Art Allianz zur Erhaltung des Status quo bedeutete, eine Allianz zwischen Katholiken und Protestanten, um die Welt ruhig zu halten.

Wenn du mich um meine Stellungnahme als Christ katholischer Prägung bittest, der seit 1970 im Weltrat der Kirchen in Genf arbeitet, möchte ich dir sagen, daß ich mich niemals im Leben so frei gefühlt habe wie in der Zeit, wo ich im Weltrat der Kirchen arbeitete. Niemals. Und wie du weißt, habe ich an vielen Stellen gearbeitet.

Was mir am meisten gefällt am Weltkirchenrat – trotz der Bürokratie, für die ich an keiner Stelle etwas übrig gehabt habe – ist das Fehlen von Frömmelei, von Heuchelei. Ich muß euch gestehen, daß ich – wenn ich bald dem Weltkirchenrat Adieu sagen werde – Heimweh haben werde nach meinen Freunden und Kollegen von dort, Heimweh nach den Fluren und dem Geist, der in ihnen herrscht.

TP: Du gehst von dem Grundsatz aus, daß die Ökumene ein Treffpunkt von Personen ist, die von einer gemeinsamen christlichen Sichtweise und einer gemeinsamen Sichtweise der Wirklichkeit herkommen und ausgehen. Ist es das, was die Ökumene ausmacht: daß die Menschen in der Ökumene eine gemeinsame Sichtweise der Wirklichkeit haben und nicht schon fertige und ausgearbeitete Definitionen?

PF: Genau. Ich lehne fertige domestizierende A-priori-Definitionen ab. Ich betrachte die Ökumene als Suche nach Einheit in der Vielfalt der Menschen und Völker, die vermittelt werden durch die Welt, die sie immer wieder neu schaffen müssen. Deswegen möchte ich den ökumenischen Horizont erweitern und darin diejenigen einschließen, die nicht glauben wie wir. Denn es gibt nach meinem Verständnis keine Ökumene, die nicht demokratisch ist, die nicht zur Teilnahme einlädt, die nicht die Andersdenkenden achtet, toleriert. Ohne all dies wird die Ökumene zur dogmatischen verhärteten Lehre, ob katholisch oder protestantisch.

TP: Wenn du von Achtung sprichst, verstehst du dann nicht die Ökumene als einen Prozeß besserer Beziehungen zwischen den Menschen, menschlicherer Beziehungen zwischen den Menschen?

PF: Nein, nein. Ich bestehe auf der Vermittlung durch die Welt, die verändert werden muß und nicht im Status quo bewahrt werden darf. Ökumene heißt nicht, an dem festhalten, was ist. Solcher Konservatismus ist reaktionär. Man hält fest an etwas, was nicht bleiben darf. Z. B. kann ich nicht begreifen, warum man sich dafür mit allen Mitteln und Kräften einsetzt, die Evangelien zu konservieren, als ahistorische Aussagen zu konservieren. Natürlich werde ich als Christ ihnen gegenüber nicht gleichgültig sein. Aber mein Interesse an den Evangelien hat nichts damit zu tun, daß ich sie konservieren will. Denn die einzig adäquate Art, sich ihnen gegenüber zu verhalten, ist, sie zu leben. Sie leben heißt nicht, sie zu konservieren, sondern sie neu zu schaffen. Vielleicht bin ich in diesem Punkt ein bißchen ketzerisch, aber das ist der Vorteil, wenn man keine systematische Theologie studiert hat, so sprechen zu können.

TP: Ein Problem, das in dem pädagogischen Ansatz auftaucht, in dem du stehst, ist die Beziehung zwischen den Teilnehmern des Prozesses. Diese Problematik entsteht auch in der pastoralen, seelsorgerlichen Praxis. Ich denke z.B. an die Beziehung zwischen Priester und Volk, zwischen Katecheten und Volk, zwischen Pfarrer und Gemeindemitgliedern. Die Problematik dieser Beziehungen ist viel diskutiert worden, sie hat viele Probleme mit sich gebracht. Die Kirche fühlt sich unbehaglich, weil sie nicht weiß, was sie dem Volk sagen soll und gleichzeitig das Volk ihr etwas zu sagen hat. Dieser Konflikt ist sehr lebendig in den kirchlichen Basisgemeinden. Wie siehst du dieses Problem?

PF: Meiner Meinung nach muß man dieses Problem auf verschiedenen Ebenen sehen und angehen. Auf der Ebene der Beziehung Lehrer-Schüler, Erzieher-Zögling, Pfarrer-Gläubige, Forscher-Untersuchte und Führer-Klasse. Die Auseinandersetzung mit diesem Problem führt uns notwendigerweise zur Analyse eines Punktes: dem Problem einerseits des Spontaneismus, nicht der Spontaneität, die positiv ist, und andererseits dem der Manipulation, des Dirigismus. Einerseits des „Lassen, wie es ist“, andererseits des Paternalismus, wo der Schützling unter Kontrolle bleibt. Der Schützling bleibt vom Willen des Beschützers abhängig. Dies war in meiner Kindheit und Jugend die Regel in der katholischen Welt, insbesondere in den ländlichen Gebieten. Der Pfarrer bestimmte selbst die privaten Interessen der Familien. Dies ist heute unmöglich. Ich bin seit 15 Jahren aus Brasilien weg, aber ich bin sicher, daß dies heute unmöglich ist. Als ich 1964 aus Brasilien wegging (oder besser gesagt: gegangen wurde), war dies schon nicht mehr möglich, auch nicht im größeren Teil der Landgebiete. Heute muß dies noch weniger möglich sein, besonders nach der breiten Erfahrung der Basisgemeinden, die gewisse Ansätze von Befreiung verwirklichen. Das Problem liegt nach meinem Verständnis darin, weder spontaneistisch noch manipulatorisch zu sein. Der Pfarrer, der Priester oder Handelnde soll sich nicht schämen, daß er Pfarrer, Priester und Handelnder, Professor oder Intellektueller ist. Das ganze Problem liegt darin, wie man diese beiden falschen und verkehrten Haltungen überwinden kann, mit anderen Worten, wie man eine wirkliche Kommunikation mit den Basisgruppen erreichen kann, mit denen man arbeitet. Wie kann man mit ihnen zusammen lernen, die Deformationen des Erziehungssystems zu überwinden, das ein klassengebundenes System ist? Dies ist das zentrale Problem für uns, aber zweifellos lehrt uns die Praxis selbst, jede dieser Formen zu überwinden.

TP: Diese heißen „Weglassung" und „Dirigismus"?

PF: Genau.

TP: Fürchtest du, daß jetzt mit der sog. demokratischen Öffnung des Landes der Weg der Kirche durch weitergehende soziale Prozesse geschwächt werden könnte, oder arbeitet die Kirche weiter auf diesem Weg?

PF: Ich möchte hoffen, daß der Prozeß weitergeht. Ich vertraue darauf, daß er weitergeht. Im Grunde genommen meine ich, daß dieser Prozeß immer vorangeht, trotz der Versuchungen, die auf diesem Weg auftreten.

TP: Könnte es nicht sein, daß die Kirche in dem Maße, wie sie einige ihrer Ziele durch die demokratische Öffnung verwirklicht sieht – die nicht ein Gratisgeschenk war, sondern von anderen gesellschaftlichen Kräften erzwungen wurde –, sich zufrieden gibt und die anderen gesellschaftlichen Kräfte weiter voranschreiten, die Kirche jedoch beim Erreichten stehenbleibt?

PF: Soweit ich verstanden habe, meinst du: Als ob die Kirche zu einem bestimmten Zeitpunkt dem Prozeß Adieu sagen und aus ihm aussteigen könnte. Ich hoffe, daß diese Gefahr, die tatsächlich besteht, überwunden wird. Was mit den Kirchen in Brasilien geschieht und geschehen ist, ist, daß sie, die niemals außerhalb des historischen Prozesses gestanden haben, ein kritisches Bewußtsein von ihrer Einbettung in den Prozeß bekommen haben. Heute wäre es sehr schwierig, sich selbst aus diesem Prozeß zu entlassen. In dem Maße, in dem sie aus dem Prozeß aussteigen würden, liefen sie Gefahr, aus der Geschichte auszusteigen. Ich persönlich glaube nicht, daß sie sich ihrer historischen Aufgabe entziehen. Außerdem können die Vertrauensbasis und die Absprache für das Engagement zur Befreiung, die zwischen den Kirchen als Institutionen und den Volksmassen entstanden sind, nicht einfach ungeschehen gemacht werden. Ein Ausstieg aus dem Prozeß würde eine falsche und naive Konzeption des Befreiungsprozesses bedeuten, so, als ob man diesen heute oder morgen beenden könnte, das Engagement für die Befreiung sich auf ein so enges Ziel beschränken würde. Um mit Amilcar Cabral zu sprechen ist der Befreiungsprozeß gleichzeitig ein kulturelles Geschehen und ein kultureller Faktor. In dem Moment, wo die Kirchen in den Befreiungsprozeß eintreten, wie sie es gemacht haben, haben sie diesen nicht nur als kulturelles, religiöses oder politisches Ereignis erlebt, sondern dieses Ereignis verwandelte sich außerdem in einen Faktor mehr für mehr Befreiung. Deswegen meine ich, ist es unmöglich zurückzugehen. Besser gesagt: Ich hoffe, daß es unmöglich ist, weil es kaum geht.

TP: Wenn dies kaum möglich ist, wie siehst du dann die Versuchung, der die Kirche erliegen könnte, den Prozeß steuern zu wollen, die Herrschaft über den Prozeß zu erlangen?

PF: Das wäre nach meinem Verständnis ein Fehler, der ein nostalgischer Rückfall zum Machtstreben bedeuten würde. Ich glaube, daß die Kirchen zur Überzeugung kommen müssen, je befreiter ein Volk ist, desto mehr sind sie wirkliche Mütter. Und je mehr das Volk domestiziert wird und auch durch die Kirche domestiziert wird, desto mehr verwandeln sich die Kirchen in Stiefmütter. Ich glaube nicht, daß die Erfahrung des Befreiungsweges unseren Kirchen diese Versuchung erlaubt.

TP: Der Weg selbst ist, wie du sagst, ein kultureller Faktor. D.h., die Erfahrungen auf diesem Weg häufen sich, die Kämpfe, die dabei stattfinden, verändern die Personen, die sich in diesem Prozeß engagiert haben. Und diese Veränderung ist nicht eine Veränderung, die plötzlich aufhören oder zurückgehen könnte. Was wir von der Kirche erhoffen, die von einer anfänglichen Entscheidung für ein Engagement ausging, ist, daß sie dieses Engagement vertiefen und weiterführen möge. Denn dieses Engagement geht über die institutionelle Kirche hinaus, weil sie mit dem ganzen Volk getroffen wurde. Und wenn man mit dem ganzen Volk sein will, kann man weder zurück noch beherrschen wollen, denn Beherrschen ist eine andere elitäre Position.

PF: Es ist eine besitzergreifende Position der Kirche: das Volk besitzen zu wollen. Eine puristische Position, die das Volk gegen andere gesellschaftliche Kräfte abschirmen möchte.

TP: Wenn du nach Brasilien zurückkommst, erwartet die Volkspastorale von dir, daß du mit ihr zusammen arbeitest und nicht nur mit den Universitäten. Sie erwartet von dir, daß du dich herausgefordert fühlst, dich noch mehr, als du schon getan hast, zu integrieren – denn du hast ja nie aufgehört, an diesem Weg/Prozeß der Kirche teilzunehmen.

PF: Meine Antwort an dich und die Leser von Tempo e Presença ist eine verpflichtende Antwort. Ich möchte noch hinzufügen, für mich bleibt dies die Grundlage und nicht die Universität. Ich hoffe, daß die Universitäten mich verstehen werden und nicht traurig sind. Was ich im Leben versuchen möchte – oft zur Überraschung vieler Leute, die dies paradox und widersprüchlich finden; ich betone, daß ich als Mensch, der Christ sein möchte, das Recht habe, widersprüchlich zu sein – ist, einen Beitrag mehr zu dieser Linie beizusteuern, und meine Antwort ist, daß ihr wirklich mit dem in meinen Kräften stehenden Beitrag rechnen könnt, mit dem, was ich mit euch zusammen vermag. Ich gedenke Anfang des Jahres zurückzukehren.

Gespräch zwischen Antonio Faundez und Paulo Freire. Geschriebener Dialog von zwei Personen, die in der Bildungsarbeit des Ökumenischen Rates der Kirchen (ÖRK) gewirkt haben: Paulo Freire von 1970 bis 1980 als Professor für Philosophie an der Universität Concepción in Chile bis zum Militärputsch 1973. Antonio Faundez war einige Jahre Berater des ÖRK im Bereich Erwachsenenbildung.
Den gemeinsamen Text sehen Freire und Faundez als ein „gesprochenes Buch" an, er gibt einen aufgezeichneten Dialog von beiden wieder. Beiden gemeinsam und Gegenstand dialogischer Reflexion sind die Ambiguität eines Lebens im Exil und der damit verbundene Versuch, neue Wurzeln zu finden.
Darin schildert Freire seinen Werdegang, der ihn nach Europa führte.

Paulo Freire

Lernen zu fragen: Eine Pädagogik der Befreiung* (1989)

Freire: Du hast gerade etwas angedeutet, in das ich persönlich einbezogen war. Du hast das auch angesprochen, als wir uns zum ersten Mal trafen, als ich vorgeschlagen habe, dass wir so schnell wie möglich eine normale Konversation miteinander beginnen sollten, die dir schließlich die Möglichkeit gegeben hat, eine echte Lebenssituation neu zu erleben, auch wenn es nicht deine eigene war, eine Erfahrung, die für Dich damals sehr wichtig war.

Als Du dieses Treffen wieder angesprochen hast, wurde ich an etwas erinnert, das mir ein alter Freund, der große brasilianische Philosoph Alvaro Vieira Pinto, an einem Abend im Herbst in Santiago sagte. Niedergeschlagen und traurig sagte er zu mir: „Paulo, wenn Du im Exil bist, lebst du ein geborgtes Leben." Nun, auch als Exilant kann wohl niemand besser als ich würdi-

* Quelle: Paulo Freire, Antonio Faundez, Learning to Question: A Pedagogy of Liberation. Genf: ÖRK 1989, S. 10-23. Aus dem Englischen übersetzt von Peter Schreiner.

gen, was er gesagt hat. Seit dieser Begebenheit habe ich diese Worte häufig zitiert, aber nicht dieses Gespräch erwähnt. Also, wenn ich dieses Zitat in diesem gesprochenen Buch erwähne, denke ich, muss ich auch die Quelle dafür angeben. Exakt lautet das so: „Wenn Du im Exil lebst, dann lebst Du ein geborgtes Leben."

Exilanten müssen lernen – so wie Du es getan hast und ich und viele unserer Freunde, Chilenen, Brasilianer und solche aus anderen Ländern –, dass sie in einer Situation permanenter Spannung leben – existentiell radikal, eine historische Spannung – zwischen unserer ursprünglichen Herkunftswelt, die wir hinter uns gelassen haben, und unserer neuen, geborgten Welt. Genau so wie Du das tust, inmitten all der Sehnsüchte der Vergangenheit, beginnst Du zu experimentieren, nicht eine lähmende Erstickung Deiner Gegenwart, aber eine Flamme, die Licht wirft auf das Bedürfnis, Wurzeln in Deiner neuen Umgebung schlagen zu können. Nur als Exilanten in einer neuen Umgebung leben zu lernen, abseits davon zu stehen, aber immer noch dazu zu gehören, die Spannung zu erfahren zwischen den zwei sich gegenüberstehenden Umgebungen – derjenigen, die sie geprägt hat, die sie bewusstseinsmäßig in ihrem Körper mit sich tragen und von der sie geprägt wurden, und ihre neue Umgebung –, nur so können sie ein Interesse an ihrer ursprünglichen Herkunft behalten, ohne dass diese einen hemmenden Schatten auf ihre Gegenwart wirft. Dein Körper ist geprägt, so wie es bei jedem Exilanten der Fall ist, von deiner ursprünglichen Umwelt, mit ihrer Geschichte und Kultur. Geprägt von den Träumen, die du dort geträumt hast, den Kämpfen, in denen du verwickelt warst, deinem Engagement für die Arbeiterklasse. Geprägt von deinen Hoffnungen und Idealen für die Welt. Wo auch immer sich Exilanten schließlich niederlassen, so erfahren sie vom Augenblick der Ankunft an das zwiespältige Gefühl von Freiheit und dem Leiden an einem tragischen Bruch in ihrer Geschichte.

Mit dieser Zwiespältigkeit leben zu lernen, ist schwierig, aber notwendig. Du musst lernen, mit der Spannung zurechtzukommen, die der Bruch mit der Vergangenheit im Exil entstehen lässt. Du musst diesen Bruch nicht größer machen, als er eh schon ist.

Exilanten müssen lernen, mit dieser Spannung zurechtzukommen, ohne einerseits ihre ursprüngliche Herkunft zu verleugnen, so als ob es möglich wäre, sie abzulehnen, so als ob sie aus Ärger, dass sie sie verlassen mussten, versuchen, dies zu bestrafen, indem sie sagen: „Ich erinnere mich nicht", und andererseits ohne ihre geborgte Umgebung zurückzuweisen. Wenn sie sich so verhalten können, dann wird ihre Zeit des Wartens im Exil, des aktiven Wartens, für sie eine Zeit der Hoffnung werden.

Deshalb sprach ich von der Spannung des Gegensatzes zwischen der ursprünglichen Umwelt und der neuen Umgebung. Entweder lernen wir das Negative zu überwinden, das durch den Bruch mit der Vergangenheit entsteht, dadurch, dass wir die Möglichkeiten entdecken und ergreifen, die uns in der neuen Umgebung geboten werden, oder wir werden im Exil umkommen. Und wir beide kennen eine ganze Reihe von Fällen von Freunden, die mit dieser Spannung nicht zu Recht kamen, sie nicht aushalten konnten. Ein Weg, Antonio, den ich entdeckt habe, die auch andere Exilanten entdeckt haben, besteht genau darin, weiterhin ein Interesse an meiner Herkunftsregion zu haben, ohne dieses Interesse psychotherapeutisch zu verstehen. Andererseits musst du dich bis zu einem gewissen Grade affektiv, emotional und intellektuell in deine neue Umgebung einbringen. Und wenn das auf dieser Grundlage mit ausreichender politischer Klarheit möglich ist, solltest du dich in andere Bereiche hinein begeben, die sich für uns als Aktionsfelder eröffnen. So, als ich noch in Chile die Einladung der Harvard Universität erhalten habe und drei oder vier Tage später dann die Einladung des Ökumenischen Rates der Kirchen (Harvard lud mich zu einem zwei oder dreijährigen Aufenthalt ab 1969 ein, und das war auch der Fall beim Ökumenischen Rat der Kirchen, der einzige Unterschied lag in einigen Monaten des Beginns) deshalb schlug ich Harvard vor, bis Anfang Februar 1970 zu kommen, und dem Ökumenischen Rat der Kirchen (ÖRK), dass mein Vertrag mit ihm Mitte Februar des gleichen Jahres beginnen sollte. Ich dachte, dass es für mich als brasilianischer Intellektueller im Exil sehr wichtig war, das Zentrum der kapitalistischen Macht so schnell wie möglich zu durchqueren. Wie ich meinen brasilianischen und chilenischen

Freunden, die ich in Santiago zurückließ, sagte, ich musste das Tier nahe auf seinem Heimaterritorium (*I needed to see the animal close on its home territory*) sehen. Aber andererseits war ich damals bereits fest davon überzeugt, wie nützlich und grundlegend es für mich sein würde, in der Welt herum zu reisen, verschiedene Kontexte kennenzulernen, von der Erfahrung anderer Menschen zu lernen und mich neu durch diese kulturellen Unterschiede zu betrachten. Und, ohne Frage, der ÖRK bot mir mehr an als jede Universität.

Eine Frage stellte ich mir wegen dem systematischen Lehren, das ich an der Universität tun konnte, aber nicht beim ÖRK. Aber den Kern davon konnte in der vom ÖRK angebotenen Arbeit erfahren werden, so dass ich nur die regelmäßige Arbeit mit Studierenden nicht hätte, die eine Stelle an der Universität mit sich bringt. Aber mit dem ÖRK hätte ich praktische politisch-pädagogische Arbeit und Forschung und ebenso wären viele Kontakte mit unzähligen Universitäten möglich. Daher konnte ich durch die Arbeit beim ÖRK meine Arbeit als Pädagoge nicht nur fortführen, sondern sogar erweitern.

Harvard und der Ökumenische Rat der Kirchen akzeptierten meinen Vorschlag. Ich bin mit Elza und den Kindern nach Cambridge, Massachusetts, gegangen, wo ich, unabhängig von Harvard, an einem interessanten Programm teilnahm mit einer Gruppe von Intellektuellen wie Jim Lamb, Joao Coutinho, Denis Goullet, Denuis Loreta Slover und anderen am Wissenschaftlichen Zentrum für Entwicklung und Sozialen Wandel, das nun bedauerlicherweise geschlossen ist.

Dort in Cambridge konnte ich die letzten Vorbereitungen treffen für meine Tätigkeit in Genf. Schließlich begann ich im Februar 1970 eine neue Phase in meiner Karriere, von der ich damals noch nicht absehen konnte, wie tiefgreifend sie für mich persönlich und für meine Karriere als Pädagoge sein würde.

Ich wusste, und das muss ich wiederholen, dass der ÖRK keine Universität war, aber ich wusste auch durch meine Arbeit in der Bildungsabteilung, dass ich meine Arbeit als Pädagoge fortsetzen und ausweiten konnte. Menschen wie du und ich (ich hoffe, die Leserschaft vergibt mir meine Bescheidenheit, für die du nicht verantwortlich bist) brauchen kein Klassenzimmer, um Pädagogen zu sein, wie sehr wir dieses auch lieben und nicht ohne es auskommen.

Im Grunde gibt mir eine Universität, wie gut sie auch immer ist, wie berühmt oder groß sie auch immer sein mag, die Möglichkeit mit einer Gruppe von Studierenden, etwa 20 oder auch 30, zu arbeiten. Aber der Ökumenische Rat der Kirchen bot mir eine weltweit wirkende Stelle an, nicht die Sphäre einer Universität, sondern der ganzen Welt. Das bot mir die größtmögliche Umwelt, mit verschiedenen Erfahrungen darin, eine Vision von einigen der dort herrschenden Tragödien, die Situationen von Armut, die Katastrophen, aber auch einige wirklich schöne Momente – die Befreiung der Völker Afrikas, die Revolutionen in Nicaragua und in Grenada.

Durch die Aufgabe, dieses riesige Feld abzudecken, das mir der ÖRK aufgetragen hatte, wurde ich zum Weltreisenden. Das geschah durch Reisen durch Afrika, durch Asien, Australien und Neuseeland und auf die Inseln des südlichen Pazifik ebenso wie durch Reisen in ganz Lateinamerika, der Karibik, Nordamerika und Europa – es ergab sich durch die Durchquerung all dieser verschiedenen Teile der Welt als Exilant, dass ich mein eigenes Land besser verstehen konnte. Dadurch konnte ich es mit einer gewissen Distanz betrachten, ich konnte etwas von ihm zurücktreten und dadurch mich selbst besser verstehen. Dadurch, dass ich mit einem anderen Selbst konfrontiert wurde, konnte ich meine eigene Identität leichter entdecken. Und dadurch konnte ich auch einer Gefahr entgehen, der Exilanten manchmal ausgesetzt sind, nämlich zu sehr in ihrer Arbeit als Intellektuelle abgetrennt zu sein von den realen, sehr konkreten Erfahrungen und irgend wie verloren zu sein und auch irgendwie zufrieden, weil sie im Spiel der Worte verloren gehen, was ich gewöhnlich humorvoll als „spezialisiert sein im Ballett der Konzepte“ bezeichne.

So, wenn Du nun sagst, dass meine Einladung an dich in dieses Gebäude auf den vierten Stock, wo ich über all die Jahre mein Büro hatte, zu kommen, es dir ermöglichte mit Menschen zu arbeiten, die um ihre eigene Geschichte kämpfen, und dass dir das auch als Exilant geholfen hat, dann macht mich das sehr glücklich. Dennoch muss ich klarstellen, dass diese Einladung nicht gratis war oder aus einem Bedürfnis zu helfen heraus kam! Oh nein! Bei unserem ersten Treffen habe ich schnell die Ernsthaftigkeit deiner Bitte verstanden, deinen redlichen Weg der Suche, deine Persönlichkeit. Anderseits habe ich auch gespürt, dass deine Kreativität und dein kritisches Vermögen mir helfen könnten bei meinen Forschungen. Aber ich war genau so sicher, als ich dich befragte nach deiner Bereitschaft, mit mir konkret die Experimente zu diskutieren, an denen ich beteiligt war, dass sich durch diese Einladung für dich neue Wege eröffneten, ich dir helfen konnte, mit der existentiellen Spannung umzugehen, die du als Exilant erfahren hast zwischen deiner ursprünglichen Heimat und deiner neuen, geborgten Umgebung.

Lass mich zusammenfassend sagen, dass es genau diese Möglichkeit war, an der Realität festzuhalten, dem Konkreten, das mich als Exilant und als Person rettete. Das Gesagte klingt ziemlich emotional, aber ich glaube, es ist nicht falsch.

Faundez: Ich bin sehr glücklich über deine Analyse und unser Gespräch. Das Interessante daran ist, dass es nicht nur einen intellektuellen Inhalt hat: es hat auch einen emotionalen, am konkreten Leben orientierten Inhalt.

Ich stimme Dir völlig zu, Paulo, insbesondere deinem Punkt: wie kann ich das Leben als Exilant bewältigen? Für Exilanten gibt es diese Spannung zwischen der ursprünglichen Heimat, in der man erzogen, verändert und geprägt wurde für das ganze Leben, und der neuen Heimat, die wieder erlebt werden muss und der sie sich anpassen müssen, oder auch nicht, und in der sie sich assimilieren müssen oder auch nicht. Ich glaube, um diese negative Erfahrung bewältigen zu können, müssen wir ein Gespräch zwischen diesen beiden Umgebungen in Gang bringen.

In unserer Umgebung geht es darum, mental, physisch und emotional reicher zu werden. Ich denke, wir müssen eine unterschiedliche Umgebung entdecken. Grundlegend, und das weißt du und das wissen wir alle, um uns selbst entdecken zu können, müssen wir uns in den anderen sehen, wir müssen die anderen verstehen, um uns selbst verstehen zu können, uns in die anderen hineinversetzen.

Mit Fichte zu sprechen: das „Ich“ schafft das „Nicht-Ich“, um sich selbst kennen zu lernen. Nun, wir schaffen nicht das „Nicht-Ich“ – wir sind keine philosophischen Idealisten. Unser „Nicht-Ich“ ist nicht durch uns geschaffen; es ist objektiv gegeben. Das „Nicht-Ich“ ist diese geborgte Umgebung, so wie du es ausgedrückt hast, die grundlegend ist für die Bereicherung unseres Lebens und unserer ursprünglichen Heimat. „Es war die Welt, die mir dazu verhalf, mein eigenes Land besser zu verstehen und zu begreifen.“ Diese Idee von Dir habe ich in einem kurzen Artikel in Englisch in Deinem Buch „Der Lehrer ist Politiker und Künstler“ (orig. in Deutsch) entwickelt.

Ich möchte gerne einen weiteren wichtigen Aspekt unserer intellektuellen Erfahrung benennen: es war genau deine Arbeit in Afrika und Asien, die es dir ermöglichte Afrika und Asien zu entdecken, aber auch zu entdecken oder wieder zu entdecken, was dein eigenes Land Brasilien bedeutet. Das ist die positive Seite davon. Auch ich selbst habe ein besseres Verständnis von Lateinamerika und speziell von Chile durch das Verstehen anderer Länder und andere Erfahrungen erhalten. Und ich möchte gerne hinzufügen, dass ich auch das Dorf, aus dem ich stamme und wo ich geboren wurde, besser verstanden habe. Weil, insbesondere, ich denke, dass meine „große Universität“ die zwei Dörfer Lebu und Pehuen gewesen ist, wo ich meine Kindheit und Jugend verbrachte. Lebu ist in einem Bergwerkgebiet, der ärmsten in Chile. In Lebu habe ich meinen Vater das Lesen und Schreiben gelehrt – mein Vater, der alles getan hat, der manchmal als Bauer gearbeitet hat, manchmal als Handwerker. Pehuen war ein Indianerdorf das ich oft besuchte und wo ich in meinen Schulferien gearbeitet habe. Ich habe drei Monate unter den Indios verbracht und wie ein Bauer gelebt, das harte Leben mit ihnen geteilt und auf dem Feld gearbeitet von fünf Uhr am Morgen bis Mitternacht gearbeitet, für einen Sack Weizen, einen Sack Lebensmittel. Lebu und Pehuen waren die zwei großen Universitäten, die mein intellektuelles Leben bestimmt haben.

Es ist keine Überraschung, dass beide Namen Araucanischen Ursprungs sind. Lebu (lefu) bedeutet „Fluss“ und Pehuen ist der Name eines Baumes (Araucaria aracaucana), die Frucht, die eine der lagerfähigen Früchte der Eingeborenen ist. In Lebu habe ich, neben anderen Dingen, die Solidarität der Menschen miterlebt im Überlebenskampf und für ein besseres Leben. In Pehuen habe ich die Wichtigkeit Schreiben zu können entdeckt als ein Mittel der Ausbeutung oder auch als Mittel des Kampfes gegen Ausbeutung, abhängig davon, wer die Fähigkeit benutzt. Bezogen auf diesen letzten Punkt, ich kann mich gut erinnern, es war als ich in einer araucanischen Familie als einer von ihnen lebte, dass ich gemeinsam mit ihnen die Wichtigkeit entdeckte, lesen und rechnen zu können.

Sie waren eine Familie von Farmpächtern. Das bedeutet, dass sie von den Landbesitzern Samen erhalten haben, Werkzeuge und ein Stück Land. Die Ernte, die sie erzielten, wurde wie folgt aufgeteilt: zunächst hat der Besitzer den Samen entnommen, den er verliehen hat; dann die Miete für den Gebrauch der Erntemaschine (10-20%) und schließlich das, was übrig blieb, wurde in zwei Hälften geteilt, eine erhielt der Landbesitzer und die andere war für die Familie.

Beim Teilen der Ernte, das in der Dreschzeit erfolgte, wurden die Säcke vom Vorarbeiter gewogen, dem einzigen, der lesen und schreiben konnte. Eines Tages habe ich entdeckt, dass die Zahlen, die er aufschrieb, deutlich niedriger als das reale Gewicht waren. Nachdem ich das entdeckt hatte, habe ich das Familienoberhaupt darüber informiert. Er fürchtete sich davor, den Vertreter des Landbesitzers als Dieb zu beschuldigen, aber er trug mir auf, ebenfalls die Gewichte zu notieren, damit wir unsere eigene Kalkulation erstellen konnten. Ich habe dem Vorarbeiter mitgeteilt, dass wir unsere eigene Zusammenstellung der Gewichte vornehmen und festlegen, was uns zusteht. Der Vorarbeiter hatte keine andere Möglichkeit, als der „unschuldigen“ Anfrage Rechnung zu tragen. Dadurch wurde uns bewusst, wie wichtig es für die Menschen in ihrem Kampf gegen Ungerechtigkeit war, schreiben zu können.

Und als Du mir ermöglicht hast, zu dieser Art von Situation zurückzukehren, so war es, als ob ich in meine Kindheit zurückkehrte, zu meinen zwei Universitäten der Kindheit und Jugend, um gemeinsam mit den Menschen gegen die Ungerechtigkeit zu kämpfen, die ich schon zu der damaligen Zeit erfahren hatte und die andauert und sich weiter entwickelt hat bis heute.

Paulo, ich würde dir gerne als jemandem, der im Exil lebt, eine Frage stellen. Viele Menschen haben die Vorstellung, dass ins Exil zu gehen einfach ein emotionaler Bruch auf der Ebene der Ideen ist. Aber Exil beinhaltet auch – und ich bin mir sicher, dass du mir zustimmst – all die Kleinigkeiten des täglichen Lebens. Deshalb möchte ich gerne, dass du uns Exilanten und Nicht-Exilanten, etwas darüber informierst, wie du den Alltag in dieser gegenüber deiner Heimat unterschiedlichen Umgebung erlebt hast.

Alltag im Exil

Freire: Ich denke, dass dies eine zentrale Frage ist, die wir Exilanten uns täglich stellen müssen. Ich meine damit, uns selbst zu fragen, wie wir diesen geborgten Alltag verstehen, den wir als Exilanten leben, und wie es beispielsweise möglich ist, effektiver und weniger traumatisch damit zu Recht zu kommen.

Mein Anfang, der Beginn meiner Erfahrung damit war genau in deinem Land Chile, das ich nun auch als mein Land betrachte. Natürlich weniger dramatisch als in Europa. Unterm Strich ist Chile, trotz seines weitgehend europäischen Charakters, im Grunde lateinamerikanisch geprägt.

Eine der ersten Lektionen, die mich das Exil gelehrt hat, als ich die ersten Schritte in der Umgebung tat, die mich aufgenommen hatte, im Blick auf Leben im Sinne von mehr als nur im Alltag zu überleben, war, dass eine Kultur nicht besser oder schlechter als eine andere ist, dass die Art und Weise, wie Kulturen zum Ausdruck kommen, nicht besser oder schlechter sind: sic sind einfach unterschiedlich. So wie wir auch, einerseits, Kultur ist nicht statisch, sie ist ständig im Entstehen, und wir können nicht ihren Klassencharakter vergessen. Diese erste Lektion, dass du einfach nicht sagen kannst, dass eine Kultur besser oder schlechter als eine andere ist, habe ich in Chile gelernt, als ich begann, in realen Alltagssituationen mit verschiedenen kulturellen Formen zu experimentieren – selbst mit so etwas einfachem wie die Aufmerksamkeit von jemandem erlangen zu wollen. Ich weiß nicht, ob du beobachtet hast, wie schwer es in einem Restaurant in einer fremden Kultur ist, die Aufmerksamkeit des Obers zu gewinnen! Jede Kultur hat ihre besondere Art, von der man nicht abweichen sollte. Es gibt einen bestimmten Verhaltenscode, oder nicht? Ich erinnere mich an eine Begebenheit in Chile, im Ministerium für Auswärtige Angelegenheiten – ich weiß nicht, ob das der richtige Name ist, oder ob es Außenministerium heißt. Egal, ich musste ein Problem klären im Zusammenhang mit meiner Aufenthaltserlaubnis im Land. Ich stand in einer Ecke des Büros und niemand beachtete mich. Niemand schaute zu mir. Plötzlich schaute ein Beamter auf und sah mich. Ich machte eine Geste mit meiner Hand, um ihm zu verdeutlichen, dass ich wartete. Da kam der Mann zu mir und sprach mit einer Stimme eines höchst Beleidigten und teilte mir mit, dass das nun nicht die höfliche Art wäre, Aufmerksamkeit zu bekommen. Überrascht wie ich war, wurde ich ziemlich unentschlossen und platzte heraus: „Ich wollte sie nicht beleidigen, mein Herr, ich bin Brasilianer ..." „Sie mögen Brasilianer sein, aber sie sind hier in Chile und in Chile verhalten wir uns nicht so", sagte er sehr bestimmt. „Nun, dann will ich mich erneut entschuldigen. Ich entschuldige mich, wenn sie meine Geste als beleidigend verstehen, nicht weil ich beabsichtigte, sie zu beleidigen. Ich meine, subjektiv hatte ich keine Absicht sie zu beleidigen, aber objektiv tat ich das wohl." Wie mysteriös Kultur doch ist. Er bediente mich, doch ich weiß nicht, ob er mich verstanden hat, und ich ging sehr nachdenklich hinaus. Wie sehr wir doch die kleinsten Details des Alltags verstehen müssen!

Unvermeidlich stellen wir Vergleiche an zwischen kulturellen Manifestationen, in unserer eigenen Umwelt und in der geborgten Umwelt, aber wir versuchen nicht, Antonio, kritisch zu verstehen, was unterschiedlich ist, wir gehen das Risiko ein, rigide Werturteile zu treffen, die immer negativ sind gegenüber der Kultur, die uns fremd ist.

Für mich ist das immer eine falsche und gefährliche Einstellung. Wenn wir die andere Kultur und auch unsere eigene respektieren, dann heißt das nicht, dass wir unsere Präferenz für das eine oder andere Charakteristikum unserer ursprünglichen

Heimat verleugnen oder für das ein oder andere Merkmal unserer geborgten Heimat. Ein solcher Ansatz macht eine gewisse Reife deutlich –die wir manchmal erreichen und manchmal nicht – die aber unabdingbar ist, wenn wir uns kritisch mit kulturellen Differenzen auseinandersetzen wollen.

Wir müssen uns stets über eines im Klaren sein, wenn wir von kulturellen Differenzen etwas lernen wollen, und zwar, dass Kultur nicht einfach beurteilt werden kann in der Art wie „diese ist besser" oder „diese ist schlechter". Ich meine jedoch damit nicht, dass Kulturen nicht auch negative Charakteristika haben können, die bewältigt werden müssen.

Eine Aufgabe, der ich mich früher vor einigen Jahren in Brasilien ausgesetzt habe, war, mich als Pädagoge kulturellen Differenzen auszusetzen aus dem Blickwinkel der sozialen Klassen, ohne mir jemals vorzustellen, dass ich mich auf gewisse Weise darauf vorbereitete, die kulturellen Differenzen verstehen zu können, die ich später im Exil erfahren hatte. Unterschiede zwischen Klassen und auch regionale Unterschiede. Fragen des Geschmacks, nicht nur im Blick auf die Farben der Kleidung, die wir tragen und wie wir ein Zimmer einrichten, wie wir Fotos an die Wände hängen (was ich nicht so mag), sondern auch den Geschmack im Blick auf Essen und welche Gewürze wir verwenden. Die Vorliebe von Menschen, zu lauter Musik zu tanzen, etwa. Bestimmte Unterschiede in der Sprache, in der Satzkonstruktion und in der Bedeutung. Meine langen Erfahrungen mit diesen Differenzen haben mich gelehrt, dass es eine fatale Verleugnung meiner politischen Perspektive wäre, wenn ich meine Klassenvorurteile gegen sie aufrechterhalten würde. Es hat mich auch gelehrt, dass es bedeutet, die negativen Aspekte davon zu überwinden, die eine Änderung der materiellen Basis einer Gesellschaft verlangen in dem Sinne, dass die Arbeiterklassen ihre Rolle als Subjekte annehmen müssen in ihren Anstrengungen, die Ausdrücke ihrer Kultur wieder zu beleben.

Aber das ist bereits ein anderes Gespräch ...

Grundsätzlich hat mich dies alles eine Menge gelehrt. Es hat mich gelehrt, eine Einstellung zu haben, eine Tugend zu praktizieren, die ich für eine fundamentale Tugend halte, nicht nur von einem politischen Standpunkt her, sondern existenziell: *Toleranz*.

Toleranz beinhaltet keinesfalls, nicht zu entscheiden, was du für richtig, gerecht und gut hältst. Nein, tolerante Menschen geben ihre Träume nicht auf: sie sind dazu bestimmt, dafür zu kämpfen. Aber sie respektieren auch diejenigen, die einen anderen Traum haben.

Für mich ist auf der politischen Ebene Toleranz die Weisheit oder die Tugend, mit Verschiedenem zusammenzuleben, damit es möglich wird, den gemeinsamen Feind zu bekämpfen.

Siehst Du, Antonio, im Exil zu leben, ein anderes tägliches Leben zu erfahren, hat mich außerordentlich tolerant werden lassen. Dieses In-einem-anderen-Alltag-zu-leben-Lernen begann, das habe ich bereits gesagt, in Chile, und entwickelte sich weiter in den Vereinigten Staaten von Amerika während meines Jahres in Cambridge und setzte sich während meiner zehn Jahre in Genf fort. Und es ist erstaunlich, wie ich dabei Erfolg hatte – und das war nicht leicht –, mich wirklich in eine andere Welt integrieren konnte, in einen unterschiedlichen Alltag, mit bestimmten Werten, die, zum Beispiel ein Charakteristikum des täglichen Lebens in einer Stadt wie Genf ist, und Teil einer multikulturellen Kultur ist, so wie die Schweizer Kultur ist.

Es war fantastisch, wie ich die Regeln dieses Spiels lernte, sehr bewusst, ohne aufzugeben, was mir grundlegend schien, ohne aufzugeben, was ich grundsätzlich war, und ohne mich meiner geliehenen Umgebung anzupassen. So lernte ich, mit Differenzen zu Recht zu kommen, die ich zeitweise ärgerlich fand. Eine dieser Differenzen, mit der ich zu leben lernte, aber die kein Teil meiner Selbst wurde, war eine bestimmte Beziehung, nicht immer explizit oder universell, zwischen dem menschlichen Körper und Sünde. In Europe und in den Vereinigten Staaten war diese Beziehung oft offenkundig in der Art und Weise, wie sich die Menschen verhielten. Natürlich lernt die jüngere Generation diese offensichtliche Verleugnung des Körpers praktisch zu überwinden. Ich habe immer diese kühle Distanz (cold remoteness) vom Körper als eine Verlegenheit und als sehr ungewöhnlich angesehen. Es ist der menschliche Körper, jung oder alt, dick oder dünn, gleich welcher Hautfarbe, der bewusste Körper, der zu den Sternen schaut. Es ist der Körper, der schreibt. Es ist der Körper, der spricht. Es ist der Körper, der kämpft. Es ist der Körper, der liebt und hasst. Es ist der Körper, der leidet. Es ist der Körper, der stirbt. Es ist der Körper, der lebt! Es war nicht ungewöhnlich für mich, meine Hand auf die Schulter von jemand legen zu wollen und plötzlich meine Hand in der Luft zu finden, weil der Körper, den ich berühren wollte, zurückgeschreckt ist, um einen Kontakt mit mir zu vermeiden.

Wenn ich mit jemandem spreche, dann unterstreiche ich einige meiner Punkte, indem ich leicht den Körper meines Zuhörers berühre, und es ist für mich schwierig, darauf zu verzichten.

Eine andere Differenz hat mit der Frage nach Gefühlen zu tun, die, so wird gesagt, kontrolliert ausgedrückt werden sollen, um andere zu respektieren. Gefühle wie Glück, Traurigkeit, Zartheit, Zuneigung und Zärtlichkeit – alle diese müssen rigoros diszipliniert werden.

Ich kann mich noch gut erinnern an die zwiespältige Freude und Überraschung auf dem Gesicht einer europäischen Kollegin, die als Sekretär in einer der Unterabteilungen des ÖRK arbeitete, als ich ihr an einem Frühlingsmorgen am Eingang ein Kompliment machte für die fröhlichen Farben und Eleganz ihrer Kleidung, alles (sagte ich) passe so gut zu ihrem jungen, lebhaften Aussehen. Sie war irgendwie verwirrt und nahm sich dann zusammen und sagte zu mir einfach: „Du machst Scherze."

Für mich hat dieser viel gerühmte Respekt für andere auch mit einer gewissen Angst zu tun, sich zu engagieren. Ich meine bis dahin, dass ich das beende, mich abschließe, bis dahin, dass ich mich nicht mehr freue, wenn ich dich sehe, so zum Beispiel kann ich im Reden und Diskutieren eine emotionale Barriere zwischen uns aufrichten, die dich davor warnt, nicht in meinen Bereich einzudringen und irgendetwas zu bitten, mich um mehr Unterstützung zu bitten. Das war etwas anderes, mit dem ich zu Recht kommen musste. Und das war auch schwierig, denn als eine Person aus dem Nordosten Brasiliens bin ich eine warme Persönlichkeit und kann mich damit manchmal nicht zurück halten. Deshalb, ohne aufzuhören ich selbst zu sein, musste ich mich kontrollieren, um andere nicht zu verletzen.

Dieses alles zu durchdenken ist die Spannung, über die wir bereits ausführlich gesprochen haben, der Bruch mit der Vergangenheit, das Problem zu wissen wie weit wir gehen können, das auch die Fragen stellt wie weit wir unsere Gefühle zum Ausdruck bringen können. Wir sollten in beiden Richtungen nicht zu weit gehen. Wenn wir uns zu sehr anpassen, dann geht der Kompromiss mit unseren Wurzeln zu weit. Wenn wir die Grenzen des Akzeptablen überschreiten, dann provozieren wir eine verständliche Reaktion unserer Umwelt, in die wir, so wie es ist, eingedrungen sind. Und wenn wir in ein Gebiet eindringen, das nicht unseres ist, dann werden wir bestraft. So lernen wir ständig dazu.

Eine andere sensible Seite des Lebens in Genf – was jedoch nicht alleine für Genf gilt – ist, und das hat mir eine Menge von Schwierigkeiten eingebracht, war die Frage nach Ruhe und das, was die Menschen als ein akzeptables Maß an Lärm betrachteten. Ich werde die Begebenheit nicht vergessen, als ein Nachbar von uns an unserer Tür Sturm klingelte um 10 Minuten nach Zehn in der Nacht. Ich öffnete die Tür. Er rang sich ein höfliches „Guten Abend“ ab und beschwerte sich darüber, dass er nicht schlafen könne, weil mein Sohn Geige übe.

Joachim, der nun klassische Geige am Konservatorium von Fribourg unterrichtet, war damals ein Teenager und übte fleißig sechs Stunden am Tag. Er übte eine Suite von Bach, und unser Nachbar konnte nicht schlafen! Also, um zehn nach zehn kam er herunter, um sich zu beschweren!

Ich kann mich daran erinnern, dass ich ihm humorvoll sagte: „Es ist interessant, wie unterschiedlich wir doch sind. Bach bringt mich zum Schlafen!“ Er ging so höflich, wie er kam. Ich sagte Joachim Bescheid, mit dem Geigenspiel aufzuhören. Und unser Nachbar konnte in Frieden schlafen.

Es gibt eine Menge von Geschichten, einige sind wahr und andere entstammen zweifelsohne lateinamerikanischer Phantasie über Stille und Lärm.

In Bezug auf diesen Punkt des Schweizerischen Alltags, auch wenn das nicht einzigartig für die Schweiz ist, ist es so, dass ich noch nie einen Lateinamerikaner getroffen habe, der nicht einige

Geschichten darüber kannte oder entsprechende Beschwerden. Dieses Beispiel bringt uns zurück zu der Frage nach Grenzen. Ohne uns zu sehr auf diese Seite der Grenzen zu konzentrieren oder zu sehr diese überzustrapazieren, so müssen wir doch damit umgehen.

Darüber hinaus denke ich, dass der schlechteste Aspekt einer Kultur, die so auf Ruhe besteht, das oft wenig versteckte Gefühl ist, intolerant unterstützt durch die Gesellschaft, gegen diejenigen zu sein, die den Rhythmus im Blut haben, den Klang und die gehörte Stimme, sie werden hingestellt als Vertreter einer schrecklichen unzivilisierten Kultur. Intoleranz ist immer ein Vorurteil.

Wie du weißt, Antonio, wenn du mit anderen Menschen in ihrem Alltag zusammenlebst, ist das eine permanente Lernerfahrung. Das sagte ich meinen Kindern zu Hause immer. Denn, siehst du, eine unserer Charakteristika unserer täglichen Erfahrungen im Alltag ist es, diese nicht kritisch zu betrachten. Eines unserer grundlegenden Merkmale unserer Erfahrungen im Alltag ist genau, dass wir so dahin leben, natürlich die Einzelheiten wahrnehmen, uns aber nicht ernsthaft mit ihnen beschäftigen. Idem ich das sage, fällt mir das großartige Buch von Karel Kosik „A Dialética do Concreto“[2] ein, in dem er eine kritische Diskussion führt mit den Bedeutungen des alltäglichen Lebens.

Also, wenn wir unsere ursprüngliche Heimat verlassen und in eine andere kommen, dann erweitern sich unsere Erfahrungen des täglichen Lebens. Wir finden alles äußerst anregend oder zumindest potentiell. Herausforderungen vermehren sich. Spannungen beginnen. Ich denke, eines der ernsthaften Probleme von Exilanten liegt darin, dass sie in ihrer Heimat in das tägliche Leben eintauchen, das ihnen vertraut war, während sie in ihrer geborgten Umgebung ständig ihren Alltag befragen müssen.

Es ist so, als wärst du ständig dein eigener Aufpasser. Und wenn du keine guten Antworten auf deine eigenen Fragen findest, dann fällst du in Nostalgie zu deiner ursprünglichen Heimat, dann wirst du damit beginnen, alles abzuweisen, was dir deine neue Umgebung bietet, das du brauchst, um die Spannung

2 Deutsch: Die Dialektik des Konkreten, Frankfurt/M. 1967/1997 (Anm. d. Hg.).

zu überwinden, die durch den Bruch mit der Vergangenheit im Exil entsteht.

Faundez: Die Analyse eines Alltags so wie der deine ist wesentlich, um das Exil überhaupt verstehen zu können. Weil, Exil bedeutet nicht einfach einen Bruch auf epistemologischer, emotionaler, gefühlsbezogener, intellektueller oder politischer Ebene: es ist auch ein Bruch in deinem täglichen Leben, das aus Gesten, Wörtern, liebenden menschlichen Beziehungen, Beziehungen mit Freunden und Beziehungen mit Dingen besteht. Du kannst Exil mit Sicherheit nicht ohne diese Aspekte erklären, sagen wir, dem persönlichen Weg, zu einer anderen Welt zu gehören, einer neuen und unterschiedlichen Umwelt. Wir beginnen damit, so will ich es ausdrücken, auf der Ebene des Seins gebildet zu werden.

Und es fängt mit dem an, was du angesprochen hast – andere Menschen entdecken, eine andere Welt mit unterschiedlichen Sachen, unterschiedlichen Gesten, unterschiedlichen Händen, unterschiedlichen Körpern. Und weil verschiedene Sprachen ihren Eindruck bei uns hinterlassen haben und weil wir es gewohnt sind, andere Gesten zu benutzen, unsere Beziehungen anders zu gestalten, braucht dieser neue Lernprozess des Entdeckens, der Zugehörigkeit zur Welt in anderer Weise eine lange Zeit. Und jetzt sind die Unterschiede der Beginn eines Lernprozesses. Du entdeckst Menschen, die unterschiedlich sind, und mit dieser Entdeckung anderer Menschen, hängt die Notwendigkeit zusammen, tolerant gegenüber ihnen zu sein. Das bedeutet, dass wir durch die Differenzen zwischen uns lernen müssen, tolerant denen gegenüber zu sein, die unterschiedlich sind, und sie nicht auf der Grundlage unserer eigenen Werte zu beurteilen, sondern mit Blick auf ihre von unseren unterschiedlichen Werte. Und an dieser Stelle scheint es mir grundlegend zu sein das Konzept von Kultur zu verbinden mit den Konzepten von Differenz und Toleranz.

Du wirst sagen, dass die Entdeckung einer anderen Kultur auch ihre Akzeptanz bedeutet, ihr gegenüber tolerant zu sein. Nun, ich denke, dass deine Sicht von Kultur, die ich vollständig teile, keine elitäre Sichtweise ist.

Kultur ist nicht nur ein gestalterisches oder intellektuelles Phänomen, das gedacht wird: Kultur besteht insbesondere in den einfachsten alltäglichen Handlungen – Kultur bedeutet unterschiedlich zu essen, unterschiedliches Händeschütteln, Beziehungen zu anderen Menschen unterschiedlich herzustellen. Deshalb scheint mir, dass diese drei Konzepte – Kultur, Differenzen und Toleranz – alte Konzepte sind, die in neuer Weise verwendet werden. Ich würde darauf bestehen, dass Kultur für uns die ganze Bandbreite menschlicher Aktivitäten beinhaltet, einschließlich des Alltags; und es ist der Alltag, in dem wir entdecken, was unterschiedlich ist, was entscheidend ist. Und dieses Verstehen davon, was wichtig ist, unterscheidet sich von dem traditionellen Verstehen, das das Wichtige von diesen Charakteristika als dasjenige ansieht, was allen gemeinsam ist. Nun, für uns – und ich denke, du wirst mir zustimmen – ist das Grundlegende das, was verschieden ist, das uns zu unterschiedlichen Menschen macht.

Wenn wir entdecken und akzeptieren, dass das Wesentliche ist, dass Toleranz zu dieser neuen Beziehung notwendig hinzukommt, dann müssen wir einen Dialog zwischen unseren Differenzen organisieren und uns gegenseitig dadurch bereichern. Deshalb ist dir zuzustimmen, wenn du sagst, dass wir über eine andere Kultur nicht auf der Grundlage unserer eigenen Werte urteilen können, sondern dass wir akzeptieren müssen, dass es andere Werte gibt, wir müssen akzeptieren, dass Differenzen bestehen und akzeptieren, dass uns diese Differenzen grundlegend dazu verhelfen uns selbst zu verstehen und unser eigenes tägliches Leben.

Freire: In der Tat ist es ein schwieriger Prozess, in dem du über den Alltag etwas lernst. Auf der Grundlage meiner langen Erfahrung (weil, ich habe letzten Endes insgesamt fast 16 Jahre im Exil gelebt und habe das jeden Tag gelernt) glaube ich sagen zu können, dass das nicht einfach ist. Manchmal bist du hoffnungslos in diesem Prozess des Lernens, ohne die Vergangenheit zu vergessen. Lernen, mit dem zu Recht zu kommen, was unterschiedlich ist, ist oft schmerzhaft in Beziehung zu den bestimmten kulturellen Merkmalen die wir in unserer Seele und unserem Körper tragen. Aber ich habe mich immer damit auseinandergesetzt mit dem

Ziel, eine Balance zu erreichen zwischen dem, was mich sehr geprägt hat von meiner eigenen Kultur, und dem, was begonnen hat, seine positiven oder negativen Spuren an mir zu hinterlassen von meiner neuen, unterschiedlichen Umgebung.

Ich habe auch etwas anderes Offensichtliches entdeckt, Antonio. Viele Menschen haben das wahrscheinlich schon zum Ausdruck gebracht, was ich sagen will. Ich habe entdeckt, wie stark die unverwechselbaren Merkmale einer Kultur sind, aber wie viel stärker sie sich auswirken, wenn wir sie nicht als absolut ansehen. In der Tat, sobald du damit beginnst zu sagen, „Nein, nur was chilenisch ist, ist gut," werden die Merkmale deiner Kultur geschwächt. Aber wenn du, statt die Merkmale deiner Kultur als absolut anzusehen, sie preist und ernsthaft pflegst, ohne sie zu verabsolutieren, dann wirst du sehen, dass, wenn du sie nicht hättest, es für dich schwer wäre, neue Dinge zu lernen und sie zu schätzen, die sich an deine persönliche Geschichte anschließen lassen.

Ich erinnere mich in diesem Zusammenhang an einen Brief, den ich einen engen brasilianischen Freund schrieb, in dem ich über meine weltweiten Reisen berichtete. Ich sagte: „Wenn ich nicht die unverwechselbaren Merkmale meiner Kultur hätte, die mir gegenwärtig sind und mit denen ich lebe und die ich schätze, würden meine Reisen, die mir aufgrund meiner Kultur sehr wichtig sind, nicht mehr sein als ein zielloses Umherirren in der Welt." Es ist interessant, zu sehen, was für ein großer Widerspruch darin enthalten ist. Wenn du ein bestimmtes Merkmal deiner eigenen Kultur aufgibst, dann übernimmst du nicht automatisch das Merkmal einer neuen Kultur, und dein Leben in der neuen Kultur ist eine Täuschung. Aber wenn du deine Kultur in Ehren hältst, ohne sie als absolut zu betrachten, dann kannst du es dir leisten, dich von einer anderen Kultur beeinflussen zu lassen. Anders gesagt, die neue Kultur dringt nicht in dich ein oder unterdrückt dich. Grundsätzlich gibt sie dir auch etwas. Dieser Lernprozess ist, und ich wiederhole mich, nicht einfach, aber eine Erfahrung, die du im Exil nicht vermeiden kannst. Deshalb haben Elza und ich immer versucht, unser Heimweh nach Brasilien nicht zu einer Art sentimentalen Krankheit werden zu lassen. Wir vermissten unser Land sehr, wir vermissten unsere Menschen, unsere Kultur – all die Dinge, über die wir gesprochen haben: die bestimmte Art, wie sich die Menschen grüßen, wie sie auf der Straße gehen, wie sie um die Ecke gehen oder hinter sich schauen. All das gehört zur Kultur. Und wir haben das alles vermisst – aber wir haben niemals zugelassen, dass dieses Vermissen nostalgisch wurde und unser farbiges Leben entleert oder uns depressiv macht, so dass wir das Leben sinnlos finden.

Aber wenn Exilanten aktiv werden und in diesem Aktivitäten Sinn für ihr Leben finden, dann sind sie zunehmend besser vorbereitet, sich mit der grundlegenden Spannung auseinanderzusetzen, die zwischen ihrer ursprünglichen Heimat und ihrer neuen, geborgten Umgebung entsteht. Das kann so weit gehen, dass zu einem bestimmten Zeitpunkt die geborgte Umgebung, auch wenn es eine geborgte Umgebung bleibt, ein Zugang wird für ihre Nostalgie. Oder anders gesagt, sie ermöglicht ihnen sich weiter zu entwickeln. Nun, genau das geschah mit mir als ich die Stelle beim ÖRK akzeptierte und damit die Möglichkeit hatte, durch den ÖRK, mein Aktionsfeld auszuweiten auf Europa, Afrika, Lateinamerika und die USA, indem ich etwas tat, das mir wichtig schien und mein Leben legitimierte, auch wenn ich gezwungen war, entfernt von meiner ursprünglichen Heimat zu sein.

Den kleinen Beitrag, den ich für die verschiedenen Länder leisten konnte – und ich sehe dass es klein war, aber dass es irgendwie auch wichtig war – gab meinem Exil einen Sinn. Für mich, Antonio, ist einer der zentralen Punkte, die ich im Exil erfahren habe, die Entdeckung, und so hast du es zu Beginn unseres Gespräches gesagt, bis zu welchem Umfang es möglich ist oder auch nicht, das Negative in diesem Bruch mit deiner Vergangenheit aufzunehmen und es in etwas Positives in deinem Alltag in deiner neuen Umgebung zu verwandeln; bis zu welchem Umfang wir darum kämpfen, aus der Monotonie der zukunftslosen Tage auszubrechen, indem wir etwas beitragen. Das ist eine der Botschaften, die uns das Exil lehrt und die dazu beiträgt, dass wir Exilanten Subjekte unseres Lernprozesses werden …

Angaben zu den Herausgebern und Beteiligten

Armin Bernhard, Dr. phil., Professor für Allgemeine Pädagogik an der Universität Duisburg-Essen.

Heinz-Peter Gerhardt, Dozent an der Fachhochschule des Bundes für öffentliche Verwaltung, Brühl und Zweiter Vorsitzender der Paulo Freire Kooperation, Oldenburg.

Dieter Kinkelbur, Dr. phil., Lehrer am Gymnasium Augustianum in Greven (Westfalen).

Norbert Mette, Dr. theol. Dr. theol. h.c., Universitätsprofessor für Religionspädagogik/Praktische Theologie an der Universität Dortmund.

Dirk Oesselmann, Dr. phil., Wissenschaftlicher Mitarbeiter am Comenius-Institut, Universitätsprofessor für Erziehungswissenschaften an der Universidade da Amazônia, Belem/ Brasilien.

Peter Schreiner, Dipl.-Pädagoge, Wissenschaftlicher Mitarbeiter am Comenius-Institut, Münster u.a. zu den Bereichen Interkulturelles und Interreligiöses Lernen.